westermann

Multiplizieren und Dividieren

Erarbeitet von

Judith Beerbaum, Anja Göttlicher, Sarah Pfleger, Britta Wettels und Stephanie Zippel

in Zusammenarbeit mit der Westermann-Grundschulredaktion

Unter Beratung von

Henrieke Peter

Illustriert von

Angelika Citak, Heike Heimrich und Karoline Kehr

Flex und Flo
Mathematik

4

Zeichenerklärung

 Du löst alle Aufgaben in deinem Heft. Hier findest du ein Beispiel für den Hefteintrag.

 Male/Zeichne mit der entsprechenden Farbe in dein Heft.

 Benutze Material.

 Bearbeite die Aufgabe in Partnerarbeit.

Mathekonferenz: Tausche dich mit anderen Kindern über deine Ideen, deine Vorgehensweise oder deine Ergebnisse aus.

 Hier steht ein neues Fachwort.

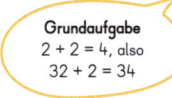 Hier steht ein neues Fachwort oder ein neues Beispiel, wie du über Mathematik sprechen kannst.

 Verweis auf weitere Übungen auf den angegebenen Seiten im Flex und Flo Arbeitsheft 4 (Ausgabe 2021)

 Verweis auf passenden Diagnosetest im Flex und Flo Diagnoseheft 4 (Ausgabe 2021)

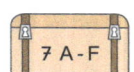 Verweis auf passende herausfordernde Aufgaben in der Flex und Flo Entdeckerkartei 4 (Ausgabe 2021)

 Verweis auf passende interaktive Übungen

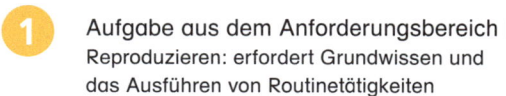 Aufgabe aus dem Anforderungsbereich I
Reproduzieren: erfordert Grundwissen und das Ausführen von Routinetätigkeiten

 Aufgabe aus dem Anforderungsbereich II
Zusammenhänge herstellen: erfordert das Erkennen und Nutzen von Zusammenhängen

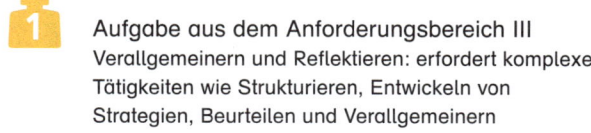 Aufgabe aus dem Anforderungsbereich III
Verallgemeinern und Reflektieren: erfordert komplexe Tätigkeiten wie Strukturieren, Entwickeln von Strategien, Beurteilen und Verallgemeinern

 Einführung von Fachwörtern oder Redemitteln
Eine Sammlung der im Heft eingeführten Fachwörter und Redemittel zum Nachschlagen findet sich auf der letzten Doppelseite und der Beilage „Fachwörter und Redemittel 4".

 Medienbildung und Mathematiklernen verbinden
Anregung zur Bearbeitung mathematischer Lerninhalte mit digitalen Werkzeugen

 Erklärvideo in der BiBox

 Tipp zur Verknüpfung der Themenhefte

Inhaltsverzeichnis

Wiederholung und Vertiefung

Erst das Datum, dann die Seite und die Aufgabennummer aufschreiben.

```
22.9. , S. 4

1 a)   10 · 10 = 100      b)   17 · 10 =
       15 · 10 =                13 · 10 =
```

1
a) 10 · 10
   15 · 10

b) 17 · 10
   13 · 10

c) 30 · 10
   25 · 10

d) 10 · 22
   10 · 33

e) 10 · 50
   10 · 60

2
a) 120 : 10
   140 : 10

b) 200 : 10
   190 : 10

c) 320 : 10
   260 : 10

d) 500 : 10
   550 : 10

e) 800 : 10
   1000 : 10

3 Rechne die Aufgaben.
Ordne die Lösungsbuchstaben zu.

a) 4 · 60
   3 · 40
   90 · 2

b) 6 · 20
   30 · 6
   8 · 90

c) 9 · 70
   3 · 80
   60 · 4

d) 24 · 10
   5 · 90
   70 · 5

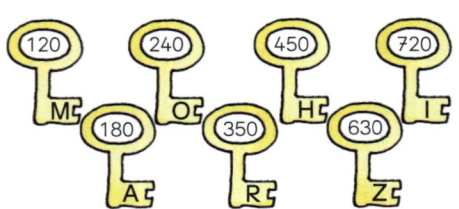

4 Rechne auch die Probe (P.).

a) 210 : 30
   280 : 70
   240 : 60

b) 400 : 5
   420 : 6
   480 : 8

c) 180 : 90
   720 : 8
   810 : 90

```
4 a)   210 : 30 = 7

  P.:   7 · 30 = 210
```

5 Finde die fünf Fehler und schreibe die Aufgaben richtig in dein Heft.

a) 6 · 80 = 420   b) 70 · 8 = 560   c) 120 : 4 = 40   d) 210 : 30 = 7

e) 9 · 30 = 180   f) 50 · 6 = 350   g) 240 : 6 = 40   h) 280 : 40 = 80

6 Finde die vier Aufgaben der Aufgabenfamilie und löse sie.

a)

b)

c)

7 Finde eine eigene Aufgabenfamilie.
Dein Partnerkind löst die vier Aufgaben.

6, 7 Blanko-Kopiervorlage für die Notation von Aufgabenfamilien in der Handreichung/ BiBox für Lehrer/-innen.

Wiederholung und Vertiefung

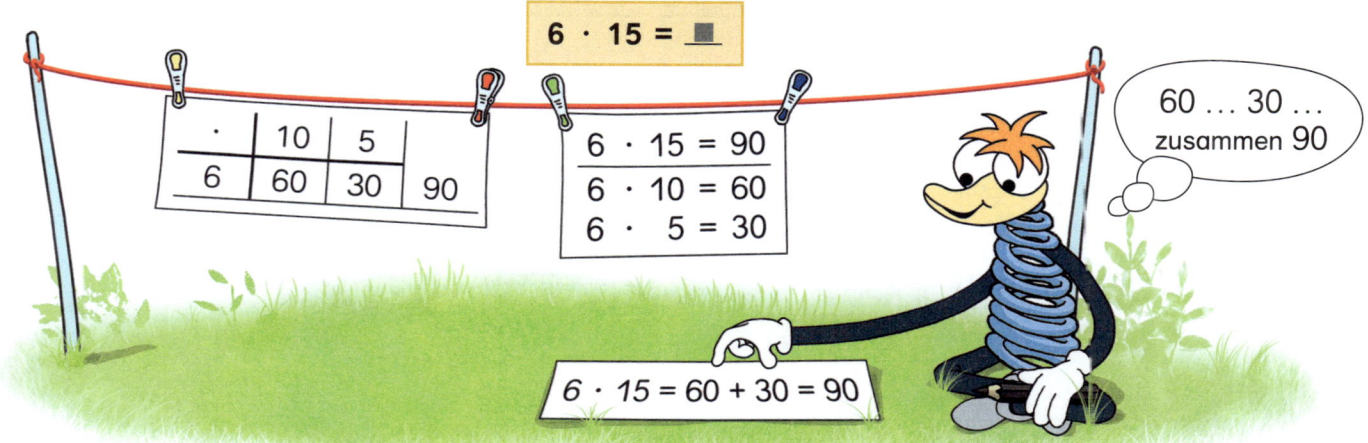

$6 \cdot 15 = \blacksquare$

·	10	5	
6	60	30	90

$6 \cdot 15 = 90$
$6 \cdot 10 = 60$
$6 \cdot 5 = 30$

$6 \cdot 15 = 60 + 30 = 90$

60 … 30 … zusammen 90

1 Rechne auf deinem Weg

a) $5 \cdot 14$ b) $3 \cdot 27$ c) $7 \cdot 61$ d) $12 \cdot 7$ e) $29 \cdot 3$ f) $57 \cdot 3$
    $4 \cdot 17$ $6 \cdot 38$ $8 \cdot 45$ $18 \cdot 5$ $44 \cdot 9$ $92 \cdot 7$

2 Multipliziere jede rote Zahl mit jeder gelben Zahl.
Einige Aufgaben kannst du im Kopf rechnen.

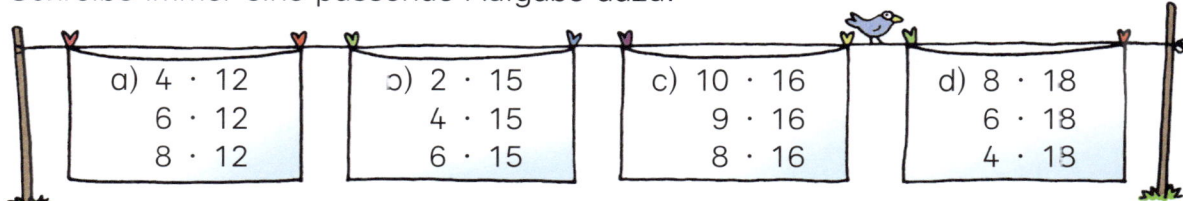

a)   2   5   ⊙   11   12   25   b)   11   12   25   ⊙   3   6

3 Schreibe immer eine passende Aufgabe dazu.

a) $4 \cdot 12$ b) $2 \cdot 15$ c) $10 \cdot 16$ d) $8 \cdot 18$
   $6 \cdot 12$ $4 \cdot 15$ $9 \cdot 16$ $6 \cdot 18$
   $8 \cdot 12$ $6 \cdot 15$ $8 \cdot 16$ $4 \cdot 18$

4 Löse wie Flo im Malkreuz.

a) $15 \cdot 16$ b) $12 \cdot 18$

c) $13 \cdot 17$ d) $15 \cdot 19$

e) $14 \cdot 15$ f) $13 \cdot 16$

$15 \cdot 16 =$

·	10	6	
10	100	60	160
5	50	30	80
	150	90	

$160 + 80$

5 Bestimme die fehlenden Zahlen. Wie heißt die Multiplikationsaufgabe?

a) $\blacksquare \cdot \blacksquare = \blacksquare$

·	10	■	
■	100	■	■
3	■	21	■
	■	91	■

b) $\underline{\qquad \blacksquare \qquad}$

·	■	6	
10	■	■	■
■	■	6	16
	110	■	■

c) $\underline{\qquad \blacksquare \qquad}$

·	■	4	
30	300	■	■
■	■	24	■
	■	■	■

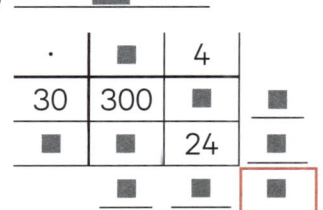

Wiederholung und Vertiefung

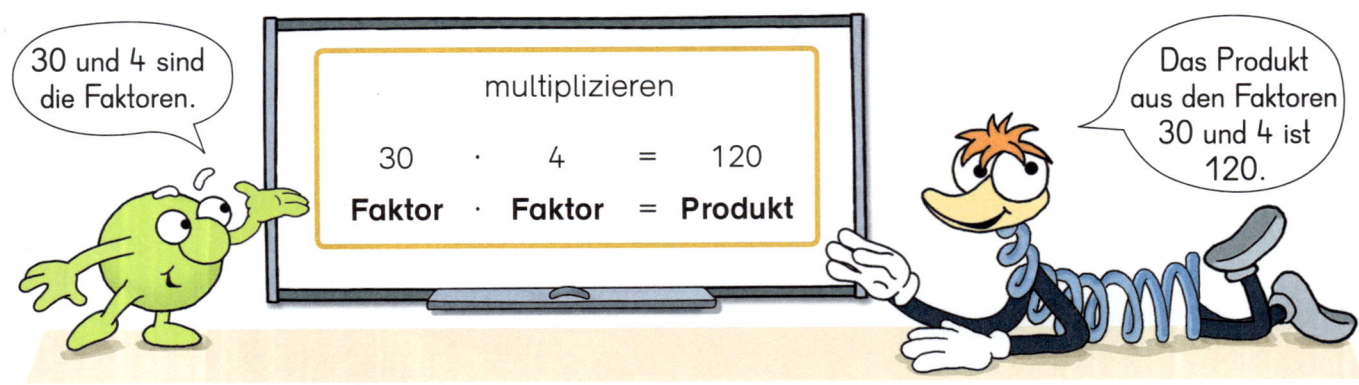

30 und 4 sind die Faktoren.

multiplizieren

30 · 4 = 120

Faktor · Faktor = Produkt

Das Produkt aus den Faktoren 30 und 4 ist 120.

1 Berechne das Produkt aus den Faktoren …

a) 50 und 6,   b) 15 und 3,   c) 9 und 80,   d) 12 und 4,   e) 100 und 0.

2 Welche Faktoren können es sein? Schreibe immer mindestens drei Aufgaben auf.

a) Das Produkt ist 240.   b) Das Produkt ist 360.   c) Das Produkt ist 400.

3
a) Multipliziere zwei Faktoren.
Das Produkt ist 320.
Der erste Faktor ist 4.
Wie heißt der zweite Faktor?

b) Multipliziere zwei
gleiche Faktoren.
Das Produkt ist 900.
Wie heißen die Faktoren?

4 Schreibe eigene Zahlenrätsel wie in Aufgabe 3. Dein Partnerkind löst sie.
Benutze die Fachbegriffe:

| Faktor | Produkt | multiplizieren |

5 Welche Rechnung passt zu welcher Aufgabe? Ordne zu und berechne die Ergebnisse.

① Addiere zu dem Produkt der Faktoren 6 und 5 die Zahl 2.

② Multipliziere das Produkt der Faktoren 6 und 5 mit der Zahl 2.

③ Subtrahiere von dem Produkt der Faktoren 6 und 5 die Zahl 2.

A 6 · 5 · 2   B 6 · 5 − 2   C 6 · 5 + 2

6 Rechne. Welche Beschreibung passt zu welchem Päckchen? Ordne zu.

A	B	C	D
2 · 20	60 · 5	2 · 50 · 4	120 · 4
2 · 40	30 · 10	50 · 2 · 4	60 · 4
2 · 80	15 · 20	4 · 2 · 50	30 · 4

① Das Produkt bleibt gleich, weil nur die Faktoren vertauscht sind.
② Das Produkt verdoppelt sich, weil sich der zweite Faktor verdoppelt.
③ Das Produkt halbiert sich, weil sich der erste Faktor halbiert.
④ Das Produkt bleibt gleich, weil sich der erste Faktor halbiert und der zweite Faktor verdoppelt.

4 Kopiervorlage für die Notation von Zahlenrätseln in der Handreichung/BiBox für Lehrer/-innen. **Textverarbeitung:** Eigene Zahlenrätsel schreiben, ggf. speichern, ausdrucken und lösen (Vorlage in der BiBox für Lehrer/-innen).

Wiederholung und Vertiefung

1 Dividiere halbschriftlich.

a) 184 : 4
336 : 4

b) 282 : 6
492 : 6

c) 245 : 7
392 : 7

d) 288 : 9
576 : 9

e) 744 : 8
672 : 8

2 Schreibe immer eine passende Aufgabe dazu.

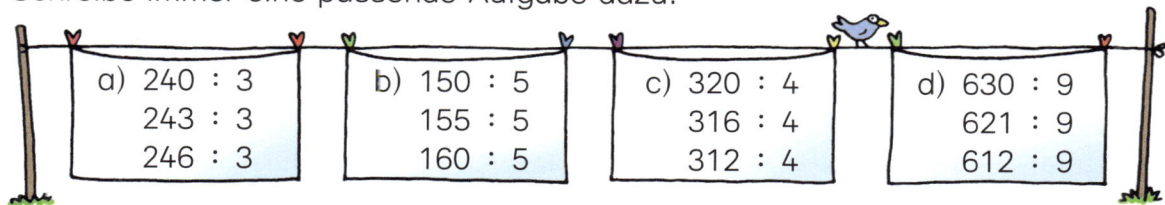

a) 240 : 3
243 : 3
246 : 3

b) 150 : 5
155 : 5
160 : 5

c) 320 : 4
316 : 4
312 : 4

d) 630 : 9
621 : 9
612 : 9

3 Rechne die leichteste Aufgabe zuerst. Sie hilft dir bei den anderen Aufgaben.

a) 500 : 5
495 : 5
505 : 5

b) 486 : 6
480 : 6
474 : 6

c) 490 : 7
497 : 7
483 : 7

d) 408 : 8
400 : 8
416 : 8

e) 549 : 9
558 : 9
540 : 9

4 Achtung! Aufgaben mit und ohne Rest. Rechne auch die Probe (P.).

a) 184 : 5
144 : 6
117 : 3

b) 365 : 8
301 : 7
198 : 4

c) 828 : 9
173 : 4
530 : 8

d) 346 : 6
532 : 7
261 : 3

4 a)

184 : 5 = 36 R 4
150 : 5 = 30
34 : 5 =   6 R 4

P.:   36 · 5 = 180
30 · 5 = 150
6 · 5 =   30

180 + 4 = 184

5 Welche Reste bleiben beim Dividieren durch …

a) 2,   b) 3,   c) 4,   d) 7,   e) 9?

6 Löse mit der Umkehraufgabe.

a) ■ : 3 = 30 R 1   b) ■ : 5 = 25 R 2   c) ■ : 4 = 27 R 2   d) ■ : 7 = 38 R 5

AH S. 21

dividieren

420 : 6 = 70

Dividend : Divisor = Quotient

Das Ergebnis einer Divisionsaufgabe nennt man Quotient.

1 Berechne den Quotienten aus …

a) 270 und 3,   b) 450 und 9,   c) 100 und 2,   d) 560 und 7,   e) 800 und 8.

2 Welche Divisionsaufgaben können es sein?
Schreibe immer mindestens drei Aufgaben auf.

a) Der Quotient ist 5.   b) Der Quotient ist 2.   c) Der Quotient ist 10.

3 a) Der Dividend ist 360. Der Divisor ist 60. Wie heißt der Quotient?

b) Der Divisor ist 8. Der Dividend ist 560. Wie heißt der Quotient?

c) Der Quotient ist 70. Der Dividend ist 210. Wie heißt der Divisor?

d) Der Quotient ist 40. Der Divisor ist 1. Wie heißt der Dividend?

4 Stimmt das?

a)
Der Dividend ist 250.
Der Divisor ist 5.
Der Quotient ist 50.

b)
Der Divisor ist 8.
Der Dividend ist 540.
Der Quotient ist 60.

c)
Der Quotient ist 80.
Der Divisor ist 6.
Der Dividend ist 480.

d)
Der Quotient ist 3.
Der Dividend ist 300.
Der Divisor ist 10.

Ich rechne die Aufgaben aus.

5

a) Dividiere die Zahl durch 7.
Der Quotient ist 90.
Wie heißt die Zahl?

b) Dividiere die Zahl durch 10.
Der Quotient ist 100.
Wie heißt die Zahl?

c) Dividiere zwei gleich große Zahlen.
Wie heißt der Quotient?

6 Schreibe eigene Zahlenrätsel wie in Aufgabe 5. Dein Partnerkind löst sie.
Benutze die Fachbegriffe:

| dividieren | Quotient | Divisor | Dividend |

  AH S. 21

6 Kopiervorlage für die Notation von Zahlenrätseln in der Handreichung/BiBox für Lehrer/-innen. 🖥 **Textverarbeitung:** Eigene Zahlenrätsel schreiben, ggf. speichern, ausdrucken und lösen (Vorlage in der BiBox für Lehrer/-innen).
👉 Wechsel ins Themenheft Sachrechnen und Größen, S. 4-7 und S. 14-17 möglich.

Der Rechner

Einschalten und löschen

÷ dividieren
× multiplizieren

1 Drei Produkte sind falsch.
Überprüfe mit einem Rechner und schreibe die Aufgaben richtig in dein Heft.

a) 89 · 5 = 445	b) 65 · 7 = 465	c) 19 · 15 = 265	d) 17 · 18 = 306
e) 3 · 208 = 624	f) 5 · 204 = 1020	g) 4 · 152 = 608	h) 7 · 119 = 795

2 Drei Quotienten sind falsch.

a) 243 : 9 = 27	b) 672 : 8 = 76	c) 534 : 3 = 178	d) 738 : 6 = 123
e) 224 : 16 = 14	f) 360 : 15 = 24	g) 456 : 19 = 23	h) 576 : 12 = 44

3 Finde mit einem Rechner die Multiplikationsaufgaben zu den Produkten.
Der eine Faktor ist immer 8. Wie heißt der andere Faktor?

8 · ___ = 120

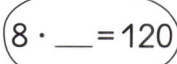

a) Produkt **120**   b) Produkt **152**   c) Produkt **136**   d) Produkt **144**

4 Wie heißen die Multiplikationsaufgaben zu diesen Produkten? Ein Faktor ist immer 5.

a) **65**   b) **105**   c) **195**   d) **210**   e) **585**

5 Hier sind beide Faktoren gleich. Wie heißen die Multiplikationsaufgaben zu den Produkten?

a) **121**   b) **225**   c) **361**   d) **144**   e) **169**

6 Mit welcher Zahl müsst ihr 17 multiplizieren, damit das Produkt …
a) möglichst nah an 100 liegt?
b) möglichst nah an 200 liegt?

App-Anwendung: Aufgaben mit einer Rechner-App lösen, ggf. die für die Kinder neue
Darstellung von Tausenderzahlen (1.000 statt 1000) thematisieren.

9

Ungleichungen und Gleichungen

1 Welche Lose gewinnen?

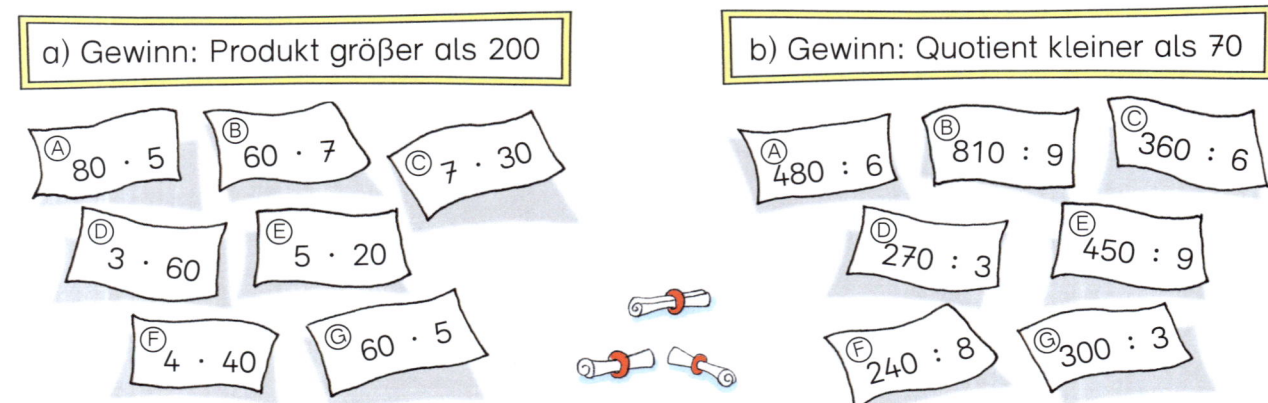

a) Gewinn: Produkt größer als 200

(A) 80 · 5   (B) 60 · 7   (C) 7 · 30

(D) 3 · 60   (E) 5 · 20

(F) 4 · 40   (G) 60 · 5

b) Gewinn: Quotient kleiner als 70

(A) 480 : 6   (B) 810 : 9   (C) 360 : 6

(D) 270 : 3   (E) 450 : 9

(F) 240 : 8   (G) 300 : 3

2 Schreibe mindestens fünf Aufgaben für Lose, die gewinnen. Dein Partnerkind kontrolliert.

a) Gewinn: Produkt größer als 300

b) Gewinn: Quotient kleiner als 50

3 Kleiner, größer oder gleich? Setze ein: <, > oder =

a) 4 · 60 ⬛ 210
8 · 50 ⬛ 450

b) 600 ⬛ 9 · 50
480 ⬛ 6 · 80

c) 180 : 9 ⬛ 70
350 : 5 ⬛ 60

d) 50 ⬛ 150 : 5
40 ⬛ 280 : 7

4 Setze ein: <, > oder =

a) 8 · 30 ⬛ 4 · 30
7 · 90 ⬛ 8 · 90

b) 20 · 8 ⬛ 30 · 8
60 · 4 ⬛ 50 · 4

c) 30 · 6 ⬛ 60 · 3
40 · 10 ⬛ 80 · 5

5 a) 180 : 3 ⬛ 210 : 3
320 : 4 ⬛ 640 : 8

b) 120 : 2 ⬛ 120 : 6
240 : 6 ⬛ 240 : 4

c) 630 : 9 ⬛ 630 : 7
320 : 4 ⬛ 360 : 4

6 Welche Zahlen kannst du einsetzen?

a) ⬛ · 80 < 400
d) ⬛ · 90 < 630

b) ⬛ · 30 < 280
e) ⬛ · 60 < 370

c) ⬛ · 50 < 450
f) ⬛ · 90 < 710

6 a)	0, 1, 2, 3, 4

7 Welche Zahlen von 0 bis 9 kannst du einsetzen?

a) ⬛ · 40 > 200
e) ⬛ · 50 > 100

b) ⬛ · 70 > 210
f) ⬛ · 80 > 600

c) ⬛ · 20 > 100
g) ⬛ · 30 > 200

d) ⬛ · 60 > 160
h) ⬛ · 90 > 470

8 Setze die Rechenzeichen (·), (:), (+), (−) richtig ein.

a) 100 ⬛ 5 > 450
350 ⬛ 70 < 10
450 ⬛ 9 = 50

b) 150 ⬛ 50 = 40 ⬛ 5
240 ⬛ 2 = 60 ⬛ 2
100 ⬛ 90 = 100 ⬛ 10

Rechnen mit Klammern

5 · 8 + 2 =
40   + 2 = 42

Punktrechnung geht vor Strichrechnung.

5 · (8 + 2) = ▆

5 · (8 + 2) =
5 ·   10   = 50

Aber:
Was in der **Klammer** steht, muss immer zuerst berechnet werden.

1

a) 2 · 10 + 5
   2 · (10 + 5)

b) 8 · 6 − 3
   8 · (6 − 3)

c) 40 : 5 + 3
   40 : (5 + 3)

d) 24 : 6 − 2
   24 : (6 − 2)

```
1 a)   2 · 1 0 + 5 = 2 0 + 5 = 2 5
       2 · (1 0 + 5) = 2 · 1 5 = 3 0
```

2

a) 5 · (70 + 20)
   2 · (50 + 30)

b) 3 · (80 − 40)
   7 · (90 − 20)

c) (50 + 10) · 4
   (20 + 30) · 7

d) (60 − 20) · 8
   (80 − 70) · 2

e) 160 : (7 − 3)
   450 : (9 − 4)

f) 480 : (4 + 2)
   360 : (3 + 6)

g) (70 + 20) : 3
   (40 + 60) : 5

h) (200 − 20) : 2
   (420 − 70) : 7

3 Flex hat vier Fehler gemacht. Findet die Fehler und beschreibt, was falsch gemacht wurde.

a) 7 · (10 − 3) = 70 − 3
              = 67

b) 5 · (3 + 4) = 5 · 7
             = 35

c) (12 − 4) · 2 = 12 − 8
              = 4

d) 18 : (3 + 6) = 6 + 6
              = 12

e) 30 : (6 + 4) = 30 : 10
              = 3

f) (9 + 6) : 3 = 9 + 2
             = 11

4 Welche Rechnung passt zu welcher Aufgabe? Ordne zu und berechne die Ergebnisse.

① Addiere zu der Zahl 6 das Produkt aus 3 und 10.

② Multipliziere 3 mit 6 und addiere 10.

③ Addiere 6 und 10 und multipliziere die Summe mit 3.

④ Multipliziere 6 mit der Summe aus 3 und 10.

A (6 + 10) · 3   B 6 · (3 + 10)   C 3 · 6 + 10   D 6 + 3 · 10

5 In zwei Aufgaben fehlen Klammern. Setze sie so, dass die Gleichungen stimmen.

a) 6 · 7 + 4 = 66   b) 60 − 8 · 5 = 20   c) 15 : 3 + 2 = 7   d) 18 − 6 : 3 = 4

▶ Erklärvideo: Rechnen mit Klammern

Multiplizieren mit 1000, 10 000 und 100 000

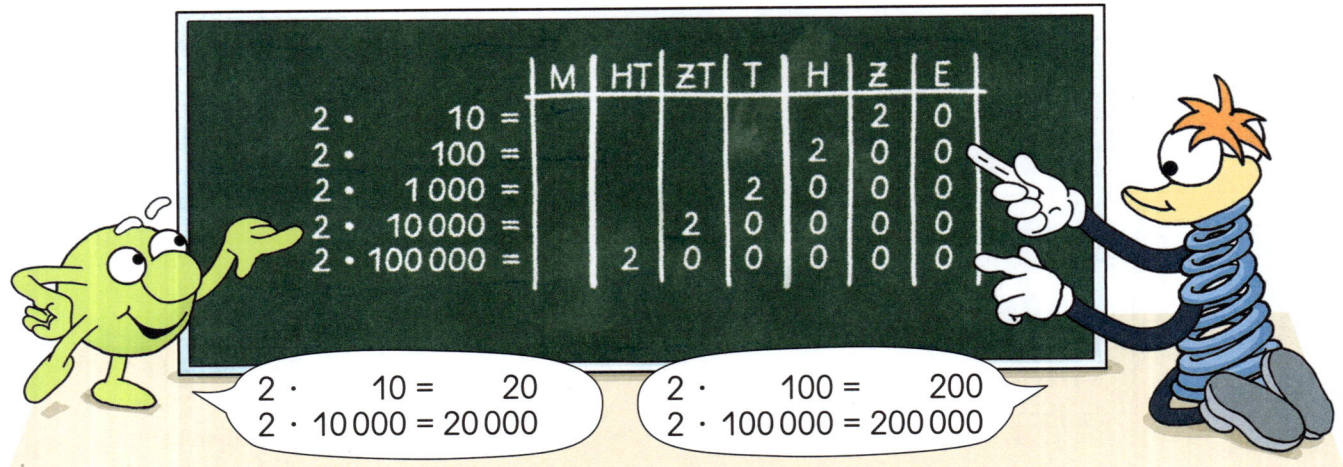

	M	HT	ZT	T	H	Z	E
2 · 10 =						2	0
2 · 100 =					2	0	0
2 · 1 000 =				2	0	0	0
2 · 10 000 =			2	0	0	0	0
2 · 100 000 =		2	0	0	0	0	0

2 · 10 = 20
2 · 10 000 = 20 000

2 · 100 = 200
2 · 100 000 = 200 000

1

a) 7 · 100
   7 · 1 000
   7 · 10 000
   7 · 100 000

b) 9 · 100
   9 · 1 000
   9 · 10 000
   9 · 100 000

c) 5 · 100
   5 · 1 000
   5 · 10 000
   5 · 100 000

d) 8 · 100
   8 · 1 000
   8 · 10 000
   8 · 100 000

2

·	1	10	100	1 000
1	1	10	100	1 000
10	10	100	1 000	10 000
100	100	1 000	10 000	100 000
1 000	1 000	10 000	100 000	1 000 000

a) Wie verändern sich die Zahlen, wenn ihr in der Tabelle
   nach rechts, nach links, nach oben oder nach unten geht?

b) Richtig oder falsch? Wenn ihr in der Tabelle …

   Ⓐ ein Feld nach rechts geht, wird die Zahl mit 10 multipliziert.
   Ⓑ ein Feld nach unten geht, wird die Zahl mit 100 multipliziert.
   Ⓒ zwei Felder nach rechts geht, wird die Zahl mit 100 multipliziert.

c) Findet Multiplikationsaufgaben zu diesen Produkten. Nutzt die Tabelle.

   | 1 000 | | 10 000 | | 100 000 |

3

a) 9 · 1 000
   90 · 100
   900 · 10

b) 40 · 1 000
   400 · 100
   4 000 · 10

c) 100 · 700
   1 000 · 7
   10 · 7 000

d) 10 · 3 000
   100 · 30
   100 · 3

4

a) 15 · ■ = 15 000
   27 · ■ = 27 000
   183 · ■ = 183 000

b) 6 · ■ = 600 000
   60 · ■ = 6 000
   600 · ■ = 60 000

c) 7 · ■ = 700 000
   70 · ■ = 70 000
   700 · ■ = 700 000

Vorherige Bearbeitung Themenheft Addieren und Subtrahieren bis S. 32 empfohlen.

Multiplizieren mit großen Zahlen

1 a) 8 ·   4   b) 9 ·   20   c) 20 ·   7   d) 60 ·   8
     8 ·   40   9 ·   200   20 ·   70   60 ·   80
     8 · 400   9 · 2000   20 · 700   60 · 800
     8 · 4000   9 · 20000   20 · 7000   60 · 8000

2 a) 8 · 300   b) 6 · 6000   c) 40 · 50   d) 70 · 7000   e) 20 · 40000
     5 · 500   9 · 4000   70 · 90   80 · 2000   30 · 30000

3 Fi[r]de Multiplikationsaufgaben zu diesen Produkten.

   a) | 27 000 | b) | 54 000 |

   c) | 250 000 | d) | 300 000 |

3 a)	2 7 0 0 0 = 9 · 3 0 0 0
	2 7 0 0 0 = 9 0 0 · 3 0
	2 7 0 0 0 = 9 0 ·

4

a) Multipliziere 60 mit 700. Wie heißt das Produkt?

b) Berechne das Produkt aus den Faktoren 8000 und 8.

c) Berechne das Fünfzigfache von 2 000.

d) Multipliziere die kleinste dreistellige Zahl mit 9 000.

e) Verdopple das Produkt aus 500 und 40.

f) Multipliziere das Zwanzigfache von 30 mit 4.

5 a) 3 · ■ = 21 000   b) 40 · ■ = 36 000   c) 5 · ■ = 30 000   d) 70 · ■ = 5 600
     9 · ■ = 45 000   70 · ■ = 35 000   80 · ■ = 40 000   6 · ■ = 54 000

 8 A–E   AH S. 23

1 a) 300 000 :   10   b) 700 000 : 100 000   c) 500 000 :   100
       300 000 :   100   700 000 : 10 000   500 000 :   10
       300 000 : 1 000   700 000 :   1 000   500 000 : 10 000
       300 000 : 10 000   700 000 :   100   500 000 :   1 000
       300 000 : 100 000   700 000 :   10   500 000 : 100 000

2 a)

            b) | 3 000 | 11 000 | 254 000 | (:) | 1 000 |

3 Schreibe auch wie Flo die Umkehraufgabe dazu.

Aufgabe und Umkehraufgabe

14 000 : 1000 = 14
14 · 1000 = 14 000

a) 250 000 :   1 000   b) 170 000 :   1 000
   23 000 :   1 000   49 000 :   1 000
 630 000 :   1 000   81 000 :   1 000

c) 410 000 : 10 000   d) 960 000 : 10 000
 520 000 :   100   850 000 :   1 000
 370 000 :   1 000   40 000 :   10

4 a) ■ : 1000 = 5   b) ■ : 1000 = 17   c) ■ : 10000 = 9   d) ■ : 100000 = 3
    5 · 1000 = ■   17 · 1000 = ■   9 · 10000 = ■   3 · 100000 = ■

5 a) ■ :   10 = 70   b) ■ :   100 = 6   c) ■ :   1000 = 59   d) ■ :   100 = 62
    ■ :   100 = 5   ■ :   10 = 37   ■ :   100 = 71   ■ : 100000 = 8
    ■ : 1000 = 19   ■ : 1000 = 25   ■ : 100000 = 4   ■ :   100 = 83

6 a) 9000 : ■ = 90   b) 1500 : ■ = 150   c)   410 : ■ =   41   d) 76000 : ■ = 76
    4000 : ■ = 400   640 : ■ = 64   2300 : ■ =   23   460 : ■ = 46
    6000 : ■ =   6   3900 : ■ = 39   52000 : ■ = 5 200   1 100 : ■ = 110

Große Zahlen dividieren

1 Rechne auch die Probe (P.).

a) 2400 : 600
    24000 : 600
    240000 : 600

b) 3200 : 400
    32000 : 400
    320000 : 400

1 a)	2 4 0 0 : 6 0 0 = 4
P.:	4 · 6 0 0 =

2
a) 4500 : 500
   4500 : 50
   4500 : 5

b) 2800 : 700
   2800 : 70
   2800 : 7

c) 1400 : 2
   14000 : 20
   140000 : 200

d) 3600 : 4
   36000 : 40
   360000 : 400

3
a) 25000 : 5000
   1600 : 20
   490000 : 700

b) 40000 : 50
   270000 : 9000
   3500 : 700

c) 270000 : 3000
   64000 : 800
   4200 : 60

d) 81000 : 9000
   200000 : 40
   15000 : 300

4 Kettenaufgaben

a) 300 $\xrightarrow{\cdot\ 80}$ ■ $\xrightarrow{:\ 4000}$ ■ $\xrightarrow{\cdot\ 600}$ ■

b) 12000 $\xrightarrow{:\ 3000}$ ■ $\xrightarrow{\cdot\ 20}$ ■ $\xrightarrow{\cdot\ 800}$ ■

c) ■ $\xrightarrow{:\ 500}$ ■ $\xrightarrow{\cdot\ 50}$ ■ $\xrightarrow{\cdot\ 100}$ 10000

d) ■ $\xrightarrow{:\ 20}$ ■ $\xrightarrow{\cdot\ 300}$ ■ $\xrightarrow{:\ 100}$ 1200

Die Umkehraufgabe hilft!

5 Schreibe eigene Kettenaufgaben wie in Aufgabe 4.
Dein Partnerkind löst sie.

6 Wie heißt die Zahl? Löse mit einer Kettenaufgabe.

a) Multipliziere die Zahl mit 30.
   Dividiere das Ergebnis durch 50,
   dann multipliziere mit 800.
   Du erhältst 24000.

b) Dividiere die Zahl durch 900.
   Multipliziere das Ergebnis mit 5,
   dann multipliziere mit 10.
   Du erhältst 10000.

AH S. 24-25

Multiplizieren – Im Kopf oder halbschriftlich

$4 \cdot 287 = \blacksquare$

$4 \cdot 130 = \blacksquare$

Diese Aufgabe ist leicht. Ich rechne im Kopf: 400 + 120 = 520

Diese Aufgabe rechne ich lieber halbschriftlich.

$4 \cdot 287 = 1148$
$4 \cdot 200 = 800$
$4 \cdot 80 = 320$
$4 \cdot 7 = 28$

1 Im Kopf oder halbschriftlich? Entscheide bei jeder Aufgabe.

a) $3 \cdot 130$
   $2 \cdot 410$
   $6 \cdot 250$

b) $5 \cdot 280$
   $4 \cdot 125$
   $3 \cdot 327$

c) $6 \cdot 109$
   $4 \cdot 450$
   $3 \cdot 333$

d) $5 \cdot 220$
   $4 \cdot 325$
   $3 \cdot 601$

2 Überlegt, wie ihr diese Aufgaben geschickt im Kopf lösen könnt.

a) $1 \cdot 505$
   $2 \cdot 505$
   $4 \cdot 505$

b) $2 \cdot 350$
   $4 \cdot 350$
   $5 \cdot 350$

c) $4 \cdot 120$
   $2 \cdot 120$
   $6 \cdot 120$

d) $2 \cdot 215$
   $4 \cdot 215$
   $6 \cdot 215$

3 Wie könnt ihr hier rechnen? Rechnet geschickt im Kopf.

a) $4 \cdot 199$
   $3 \cdot 199$
   $2 \cdot 199$

b) $8 \cdot 299$
   $7 \cdot 299$
   $6 \cdot 299$

c) $2 \cdot 399$
   $3 \cdot 399$
   $5 \cdot 399$

$4 \cdot 200 \dots$ und dann $\dots$

4 Rechne halbschriftlich.

a) $374 \cdot 6$
   $678 \cdot 3$
   $143 \cdot 6$

b) $354 \cdot 5$
   $289 \cdot 6$
   $162 \cdot 4$

c) $542 \cdot 7$
   $961 \cdot 4$
   $738 \cdot 3$

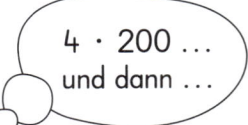

4 a)
$374 \cdot 6 = 2244$
$300 \cdot 6 = 1800$
$70 \cdot 6 = 420$
$4 \cdot 6 = 24$

5

a) Berechne das Produkt aus den Faktoren 5 und 125.

b) Multipliziere die Faktoren 150 und 4.

c) Ein Faktor ist 3, das Produkt ist 999.

d) Das Produkt ist 1000, ein Faktor ist 250.

e) Verdopple das Produkt aus 125 und 2.

f) Multipliziere das Dreifache von 2 mit 499.

3 ▸ **Videoaufnahme:** Erklärfilm zum geschickten Rechnen aufnehmen.

Multiplizieren – Überschlagen

1 Es sind mehrere Überschläge (Ü.) möglich. Welchen würdet ihr hier wählen? Begründet.

3439 · 3 = ■ | Ü.: 3440 · 3 | Ü.: 3400 · 3 | Ü.: 3000 · 3 | Ü.: 4000 · 3 |

2 Wie viel ist es ungefähr? Rechne einen passenden Überschlag (Ü.).

a) 2230 · 3
   4089 · 7
   6912 · 8

b) 5189 · 4
   2125 · 6
   4591 · 3

c) 2176 · 4
   1389 · 2
   3015 · 5

2 a)   Ü.:   2 2 0 0 · 3 =

3 Überschlage nur.
In welchen Koffer gehören die Aufgaben?

3)   Koffer A: 1 9 4 · 4

| 289 · 3 | 5613 · 3 | 876 · 6 | 3117 · 2 | 1215 · 4 |

| 1905 · 8 | 375 · 2 | 194 · 4 | 2050 · 4 |

A   Produkt kleiner als 1000

B   Produkt zwischen 2000 und 9000

C   Produkt größer als 10000

4 Rechnet einen passenden Überschlag. Welches Produkt könnte passen?

a) 1381 · 7 | 2047 | 9667 | 6264 | b) 4079 · 2 | 4349 | 9679 | 8158 |

c) 5671 · 4 | 2496 | 22684 | 20397 | d) 6669 · 6 | 40014 | 35179 | 38179 |

5 Vier Produkte sind falsch. Finde sie mithilfe eines Überschlags (Ü.).

| a) 319 · 6 = 2914 | b) 109 · 8 = 872 | c) 206 · 5 = 1430 |
| d) 1010 · 3 = 3030 | e) 2050 · 4 = 10200 | f) 1983 · 4 = 6512 |

R8

4 ▣ **Videoaufnahme:** Erklärfilm zur Lösungsstrategie aufnehmen.
⇨ Wechsel ins Themenheft Sachrechnen und Größen, S. 18–22 möglich.

AH S. 26

17

Schriftlich multiplizieren

2312 · 3 = ▦

Ü.: 2 0 0 0 · 3 = 6 0 0 0

```
T H Z E
2 3 1 2 · 3
T H Z E
6 9 3 6
```

Ich rechne so:
3 · 2E = 6E
3 · 1Z = 3Z
3 · 3H = 9H
3 · 2T = 6T

1 Überschlage erst,
multipliziere dann schriftlich wie Flex.

a) 3402 · 2   b) 1212 · 4   c) 2321 · 3

d) 1042 · 2   e) 2331 · 3   f) 4113 · 2

g) 1231 · 3   h) 1342 · 2   i) 2211 · 4

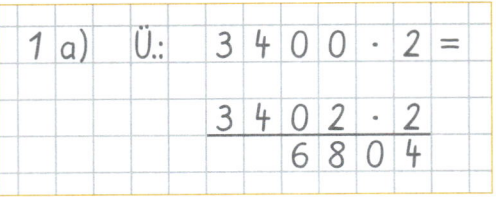

```
1 a)   Ü.:   3 4 0 0 · 2 =
              3 4 0 2 · 2
              6 8 0 4
```

2 Fünf Produkte sind falsch. Finde die Fehler und schreibe die Aufgaben richtig in dein Heft.

a)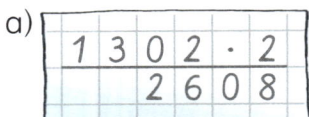

b)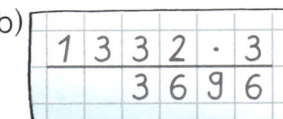

c)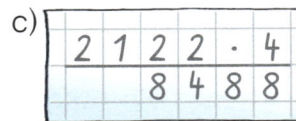

d)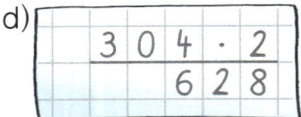

e)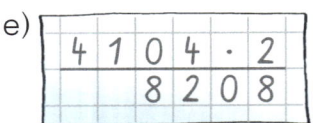

f)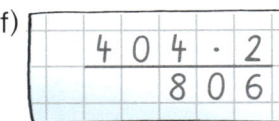

g)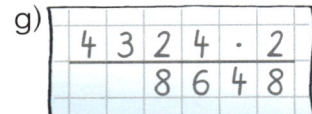

h)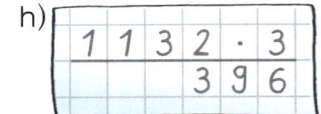

3 Multipliziere schriftlich.
Wie heißt das Lösungswort?

a) 622 · 3   b) 522 · 4

c) 4211 · 4   d) 5332 · 2

e) 4202 · 4   f) 6432 · 2

g) 5212 · 4

3 · 2E = 6E
3 · 2Z = 6Z
3 · 6H = 18H = 1T 8H

```
T H Z E
6 2 2 · 3
T H Z E
1 8 6 6
```

| 1866 | P | 2088 | R | 10664 | D | 12546 | A | 12864 | K | 16808 | U | 16844 | O | 20848 | T |

4 Klecksaufgaben. Welche Ziffern fehlen?

a)

b)

c)

d)

AH S. 26

◼ Erklärvideo: Schriftlich multiplizieren

Schriftlich multiplizieren mit Übertrag

$$218 \cdot 3 = \blacksquare$$

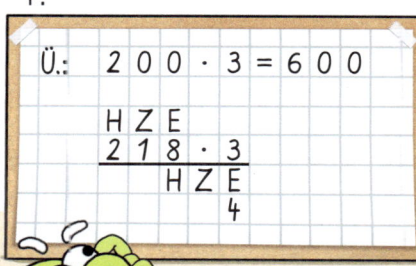

1.

```
Ü.:  2 0 0 · 3 = 6 0 0
     H Z E
     2 1 8 · 3
         H Z E
             4
```

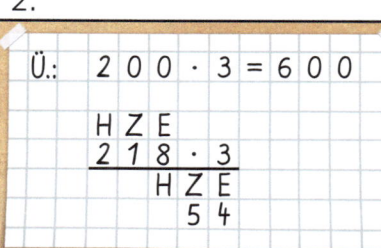

2.

```
Ü.:  2 0 0 · 3 = 6 0 0
     H Z E
     2 1 8 · 3
         H Z E
           5 4
```

3.

```
Ü.:  2 0 0 · 3 = 6 0 0
     H Z E
     2 1 8 · 3
         H Z E
         6 5 4
```

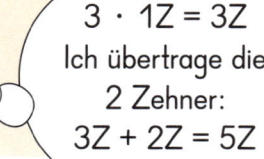

3 · 8E = 24E
4E schreibe ich auf.
Die 2 Zehner
merke ich mir.

3 · 1Z = 3Z
Ich übertrage die
2 Zehner:
3Z + 2Z = 5Z

3 · 2H = 6H

1 Überschlage erst, rechne dann schriftlich wie Flo. Achte auf die Überträge beim Einer.

a) 326 · 3   b) 446 · 2   c) 126 · 4   d) 124 · 3   e) 117 · 4
    225 · 3   347 · 2   223 · 4   239 · 2   119 · 5

2 Achtung! Hier ist der Übertrag an unterschiedlichen Stellen.

a) 143 · 3   b) 464 · 2   c) 124 · 4   d) 207 · 3   e) 215 · 4
    252 · 3   453 · 2   141 · 4   335 · 2   112 · 5

3 Vier Produkte sind falsch. Finde die Fehler und schreibe die Aufgaben richtig in dein Heft.

a)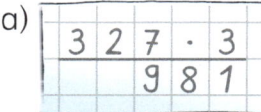
```
3 2 7 · 3
    9 8 1
```

b)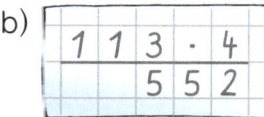
```
1 1 3 · 4
    5 5 2
```

c)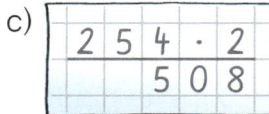
```
2 5 4 · 2
    5 0 8
```

d)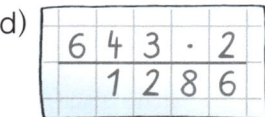
```
6 4 3 · 2
  1 2 8 6
```

e)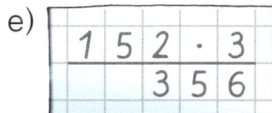
```
1 5 2 · 3
    3 5 6
```

f)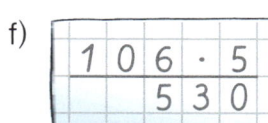
```
1 0 6 · 5
    5 3 0
```

g)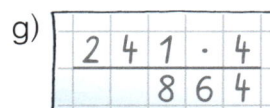
```
2 4 1 · 4
    8 6 4
```

h)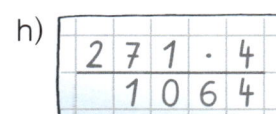
```
2 7 1 · 4
  1 0 6 4
```

Hier gibt es 2 Überträge.

1.
```
H Z E
1 2 3 · 6
    H Z E
        8
```

2.
```
H Z E
1 2 3 · 6
    H Z E
      3 8
```

3.
```
H Z E
1 2 3 · 6
    H Z E
    7 3 8
```

6 · 3E = 18E
Ich merke mir
1 Zehner.

6 · 2Z = 12Z
Ich übertrage 1Z.
12Z + 1Z = 13Z
Ich merke mir
1 Hunderter.

6 · 1H = 6H
Ich übertrage 1H.
6H + 1H = 7H

4 Achte auf die Überträge.

a) 152 · 5   b) 139 · 6
    236 · 9   431 · 7
    526 · 3   614 · 5

c) 1054 · 4   d) 1136 · 7
    2358 · 3   3410 · 8
    3156 · 2   2311 · 6

AH S. 27

Schriftlich multiplizieren mit Zehnern und Hundertern

$428 \cdot 20 = \blacksquare$

Ich multipliziere 428 zuerst mit 2. Das Ergebnis nehme ich mal 10.

Ich schreibe es kürzer.

1 Rechne wie Flex.

a) $137 \cdot 70$
$198 \cdot 90$

b) $317 \cdot 50$
$243 \cdot 60$

c) $431 \cdot 20$
$529 \cdot 40$

d) $293 \cdot 80$
$622 \cdot 40$

e) $283 \cdot 50$
$402 \cdot 30$

2 Drei Produkte sind falsch. Findet die Fehler und beschreibt, was falsch gemacht wurde.

a)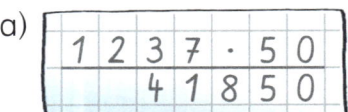

b)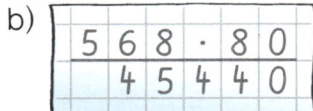

c)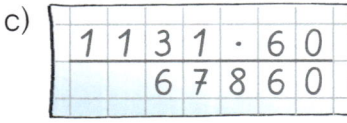

d)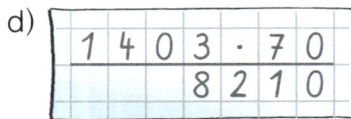

e)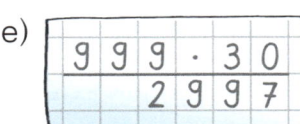

f)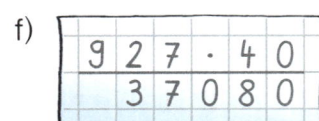

3 Multipliziere schriftlich. Wie heißt das Lösungswort?

a) $1503 \cdot 60$
b) $1656 \cdot 80$
c) $1773 \cdot 40$
d) $1809 \cdot 50$
e) $1481 \cdot 30$

f) $1275 \cdot 70$
g) $1347 \cdot 90$

| 14081 | S | | 44430 | A | | 48259 | O | | 70920 | F | | 89250 | B |

| 89520 | M | | 90180 | A | | 90450 | G | | 121230 | E | | 132480 | U |

4 Rechne wie Flex.

a) $215 \cdot 300$
$175 \cdot 200$

b) $328 \cdot 400$
$198 \cdot 500$

c) $436 \cdot 200$
$583 \cdot 300$

d) $367 \cdot 400$
$176 \cdot 300$

e) $139 \cdot 500$
$305 \cdot 300$

AH S. 27

Erklärvideo: Schriftlich multiplizieren mit zweistelligen Zahlen
Vorherige Bearbeitung Themenheft Addieren und Subtrahieren bis S. 36 empfohlen.

Schriftlich multiplizieren mit zweistelligen Zahlen

58 · 26 = ◼

Zuerst mal 20 und dann mal 6. Die Produkte werden addiert.

Ich schreibe es kürzer.

1 Rechne wie Flex. Achte auf die Überträge.

a) 38 · 25   b) 66 · 32   c) 61 · 28   d) 54 · 26   e) 31 · 27
   45 · 31   72 · 54   89 · 17   52 · 44   74 · 38

2 Alle Produkte sind falsch. Findet die Fehler und beschreibt, was falsch gemacht wurde.

a) 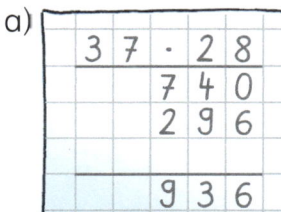   b)    c) 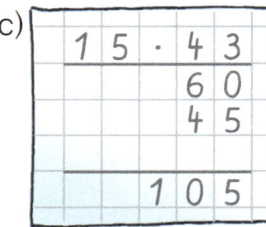   d)

3 Multipliziere schriftlich. Wie heißt das Lösungswort?

a) 25 · 36   b) 62 · 15

c) 45 · 27   d) 75 · 18

e) 50 · 16   f) 13 · 54

702	R	800	O	900	F	930	A
945	E	1215	K	1340	M	1350	T

4 a) 217 · 35   b) 283 · 45   c) 513 · 22   d) 187 · 28   e) 157 · 31
   196 · 26   277 · 39   483 · 37   268 · 43   284 · 25

5 Welche Ziffern haben sich hier versteckt?

a) 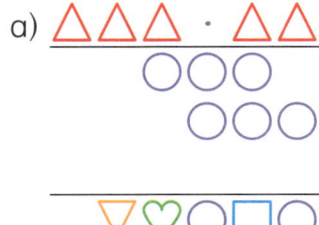    b)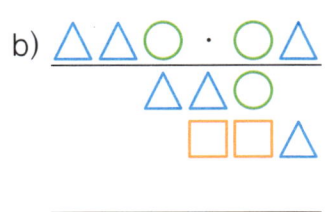

Schriftlich multiplizieren mit dreistelligen Zahlen

127 · 243 = ▆

Zuerst mal 200, dann mal 40 und dann mal 3.

```
1 2 7 · 2 4 3
    2 5 4 0 0
      5 0 8 0
        3 8 1
      1   1
    3 0 8 6 1
```

Zum Schluss werden die drei Produkte addiert.

1 Rechne wie Flex und Flo.

a) 143 · 167   b) 244 · 285   c) 337 · 346   d) 501 · 291   e) 799 · 599
   128 · 132   256 · 219   328 · 354   432 · 178   578 · 514

2 a) 111 · 222   b) 999 · 111   c) 444 · 222   d) 333 · 333   e) 888 · 333

3 Rechne geschickt.

a) 222 · 137   b) 333 · 178   c) 555 · 246
   666 · 563   444 · 139   111 · 379

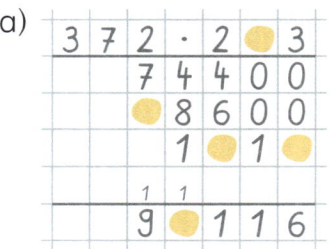

Tauschaufgabe

4 Klecksaufgaben. Welche Ziffern fehlen?

a)
```
3 7 2 · 2 ● 3
    7 4 4 0 0
    ● 8 6 0 0
        1 ● 1 ●
      1   1
    9 ● 1 1 6
```

b)
```
● 3 2 · 4 1 6
  2 1 2 8 0 0
        ● 3 ● 0
        3 ● 9 2
      1   1   1
  2 ● 1 3 1 ●
```

c)
```
4 ● 6 · 3 7 ●
  1 2 7 8 0 0
      ● 9 ● 2 0
          4 2 6
        1   2
  ● 5 8 0 ● 6
```

5 Hier fällt etwas auf!
Rechnet schriftlich und kontrolliert eure Produkte mit einem Rechner.

a) Multipliziert 143 mit 7. Multipliziert das Produkt mit 528.
b) Multipliziert 143 mit 7. Multipliziert das Produkt mit 712.
c) Vermutet, welches Produkt entsteht, wenn ihr 143 mit 7 multipliziert
   und das Produkt anschließend mit 849 multipliziert.
   Überprüft eure Vermutung.
d) Vermutet, welches Produkt entsteht, wenn ihr 625 mit 143 multipliziert
   und das Produkt anschließend mit 7 multipliziert. Überprüft eure Vermutung.

5 📱 **App-Anwendung:** Aufgaben mit einer Rechner-App überprüfen.

Schriftlich multiplizieren – Nullen

122 · 304 = ▉

Wenn ich mit Null multipliziere, erhalte ich immer Null.

```
1 2 2 · 3 0 4
3 6 6 0 0
0 0 0 0
  4 8 8
      1
3 7 0 8 8
```

Ich schreibe es kürzer.

```
1 2 2 · 3 0 4
3 6 6 0 0
    4 8 8
    1
3 7 0 8 8
```

1
a) 122 · 304   b) 371 · 404   c) 954 · 107   d) 202 · 307   e) 510 · 607
    231 · 107   298 · 306   685 · 206   780 · 203   403 · 740

2 Die vierten Klassen der Sonnenschule fahren gemeinsam auf Klassenfahrt.
Jedes Kind muss 124 € bezahlen.
Es sind 104 Kinder.

3 Klecksaufgaben. Welche Ziffern fehlen?

a)
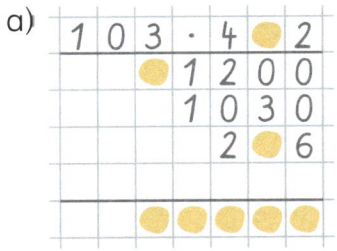

b)
```
2 1 3 · 5 ● 8
● 0 6 5 0 0
  0 0 0 0
  ● 7 ● 4
      1
●●●●●●
```

c)
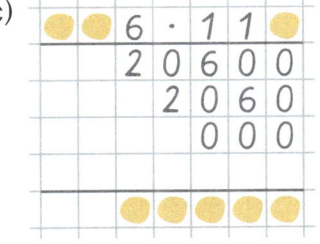

d)
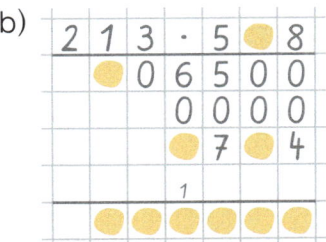

e)
```
3 ● 6 · 2 0 9
7 7 ● 0 0
0 0 0 0
3 4 7 ●
    1
●●●●●
```

f)
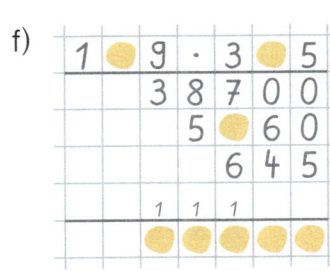

4 Überschlage und rechne nur die Aufgaben, deren Produkt über 60 000 liegt.

a) 15 209 · 2   b) 19 411 · 4   c) 11 912 · 6   d) 18 695 · 2

e) 14 123 · 3   f) 17 251 · 5   g) 19 892 · 3   h) 16 791 · 5

AH S. 29

Wechsel ins Themenheft Sachrechnen und Größen, S. 10 möglich.

Übungen mit Ziffernkarten

 **1** Flo legt mit den Ziffernkarten $\boxed{2}$ $\boxed{5}$ $\boxed{7}$ dreistellige Zahlen. $\boxed{}\boxed{}\boxed{}$

a) Schreibt die sechs Zahlen auf, die Flo legen kann.
b) Flex möchte alle Zahlen, die Flo gelegt hat, mit 8 multiplizieren.
Vermutet, bei welcher Aufgabe Flex das kleinste Produkt erhält.
c) Vermutet, bei welcher Aufgabe Flex das größte Produkt erhält.
d) Rechnet alle sechs Aufgaben schriftlich. Überprüft anschließend eure Produkte
mit einem Rechner. Stimmen eure Vermutungen?

2 Flo legt mit den Ziffernkarten $\boxed{2}$ $\boxed{4}$ $\boxed{6}$ eine dreistellige Zahl.

Flex legt mit den Ziffernkarten $\boxed{1}$ und $\boxed{3}$ eine zweistellige Zahl.

Dann multiplizieren sie beide Zahlen.

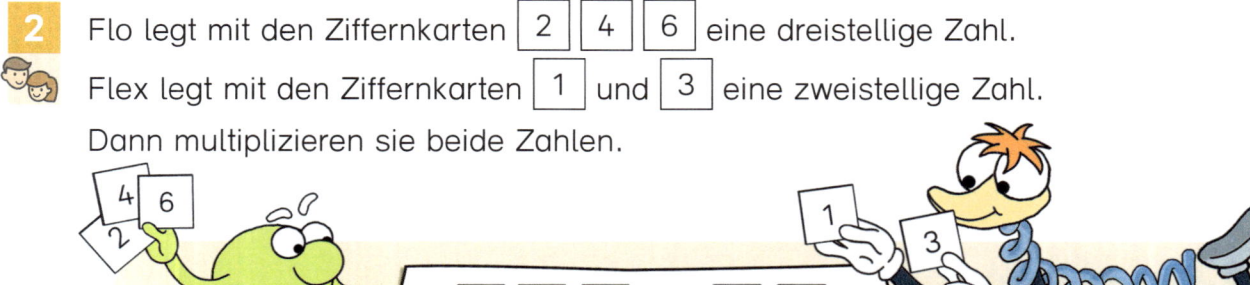

a) Das Produkt soll möglichst groß sein.
Wie muss Flo seine Ziffernkarten legen? Wie muss Flex seine Ziffernkarten legen?
Schreibt die Multiplikationsaufgabe auf und rechnet schriftlich.
b) Das Produkt soll möglichst klein sein.
Wie muss Flo seine Ziffernkarten legen? Wie muss Flex seine Ziffernkarten legen?
Schreibt die Multiplikationsaufgabe auf und rechnet schriftlich.

3 Bildet mit den Ziffernkarten Multiplikationsaufgaben wie in Aufgabe 2.
Wie heißt das größte Produkt? Wie heißt das kleinste Produkt? Rechnet schriftlich.

a) $\boxed{3}$ $\boxed{1}$ $\boxed{8}$ $\boxed{9}$ $\boxed{7}$ b) $\boxed{6}$ $\boxed{2}$ $\boxed{5}$ $\boxed{8}$ $\boxed{3}$ c) $\boxed{8}$ $\boxed{5}$ $\boxed{9}$ $\boxed{7}$ $\boxed{6}$

4 Wählt drei Ziffernkarten und
bildet eine dreistellige Zahl.
Multipliziert die Zahl mit 200, mit 300 und mit 500.
Addiert die Produkte.
Was fällt euch auf?
Könnt ihr es begründen?

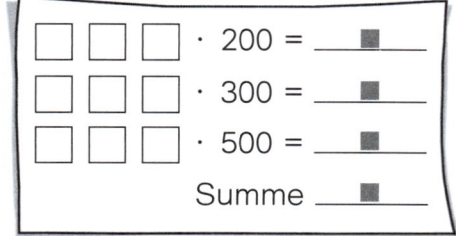

Rechnen in Sachsituationen

Kartenpreise Eintracht Ahorn		
Preisgruppe	Erwachsene	Juniorkarten (bis 18 Jahre)
1	35 €	17 €
2	28 €	14 €
3	19 €	11 €
4	9 €	6 €

1 Frau García möchte mit sechs Arbeitskolleginnen ein Spiel von Eintracht Ahorn anschauen. Sie kauft für sich und ihre Kolleginnen Karten der Preisgruppe 2.

2 24 Mitglieder des Judovereins möchten ins Stadion gehen. Sie kaufen Erwachsenen-Karten der Preisgruppe 3.

3 Die 4. Klassen der Sternschule gewinnen bei einem Wettbewerb Karten für das Stadion. Die Schule erhält 56 Juniorkarten und sechs Karten für die Lehrkräfte. Alle Karten sind in der Preisgruppe 2.

4 Herr Günes geht mit seiner 10 Jahre alten Tochter zu jedem Heimspiel ins Stadion. Sie kaufen Karten der Preisgruppe 3. Nach den 19 Heimspielen der Saison berechnet Herr Günes seine Ausgaben.

5 Am Sonntag kamen 10 678 Stadionbesucher, um das Heimspiel von Eintracht Ahorn gegen den 1. FC Falke zu sehen.

a) In der Preisgruppe 1 wurden 1 322 Karten, aber keine Juniorkarten verkauft. Wie viel Euro wurden in dieser Preisgruppe eingenommen?

b) 3 751 Karten für Erwachsene und 312 Juniorkarten wurden in der Preisgruppe 2 verkauft.

c) In der Preisgruppe 3 wurden 2 830 Karten für Erwachsene und 463 Juniorkarten verkauft.

d) 1 614 Erwachsenen-Karten und 386 Juniorkarten waren es in der Preisgruppe 4.

e) Wie viel Euro wurden am Sonntag insgesamt eingenommen?

R9

25

Vielfache und Teiler

1 a) Schreibe die ersten zehn Vielfachen von 6 und 12 auf.
Schreibe auch die Multiplikationsaufgaben dazu.

b) Unterstreiche die Zahlen, die Vielfache von beiden Zahlen sind.

2 Schreibe die ersten zehn Vielfachen der Zahlen auf.
Unterstreiche die Zahlen, die Vielfache von beiden Zahlen sind.

2 a) Vielfache von 20:	2 0, 4 0, 6 0,
Vielfache von 30:	3 0, 6 0,

a) 20 und 30   b) 40 und 80   c) 25 und 50   d) 100 und 125

3 Was ist richtig, was ist falsch?

a) 125 ist ein Vielfaches von 25.   b) 92 ist ein Vielfaches von 7.
c) 76 ist ein Vielfaches von 6.   d) 8 ist ein Vielfaches von 8.

4 Schreibe die Vielfachen von 9 auf, die größer als 45 und kleiner als 117 sind.

5 Findet die Teiler von 100.
Müsst ihr alle Divisionsaufgaben aufschreiben?
Begründet.

100 : 1 = 100
100 : 2 = 50
100 : 4 =

Teiler von 100:
1 und 100,
2 und ...

6 Schreibe die Teiler der beiden Zahlen auf.
Unterstreiche die Teiler, die beide Zahlen gemeinsam haben.
a) 10 und 20   b) 15 und 30   c) 7 und 28   d) 8 und 24

7 Finde selbst zwei Zahlen, die mindestens drei gemeinsame Teiler haben.

8 a) Die Zahl liegt zwischen 70 und 90. Sie ist ein Vielfaches von 5 und hat den Teiler 8.

b) Die Zahl liegt zwischen 10 und 20. Sie ist ein Vielfaches von 12 und ein Vielfaches von 6.

9 Schreibe eigene Zahlenrätsel.
Dein Partnerkind löst sie.

9 Kopiervorlage für die Notation von Zahlenrätseln in der Handreichnung/BiBox für Lehrer/-innen. **Textverarbeitung:** Eigene Zahlenrätsel schreiben, ggf. speichern, ausdrucken und lösen (Vorlage in der BiBox für Lehrer/-innen).

Primzahlen

1 Welche dieser Zahlen sind Primzahlen?

 | 11 | 14 | 21 | 9 | 31 | 42 | 50 | 51 | 69 | 100 |

2 So findest du alle Primzchlen von 1 bis 100 mithilfe der Hundertertafel.

a) Streiche die Zahl 1. Sie ist keine Primzahl.
b) Kreise die Zahl 2 ein. Sie ist die erste Primzahl.
c) Streiche alle Vielfachen von 2.
   Sie sind keine Primzahlen.
d) Kreise jetzt die Zahl 3 ein.
   Sie ist die nächste Primzahl.
e) Streiche nun alle Vielfachen von 3.
   Sie sind keine Primzahlen.
f) Welches ist die nächste,
   nicht durchgestrichene Zahl? Kreise sie ein
   und streiche alle ihre Vielfachen durch.
g) Arbeite immer so weiter.
h) Wie viele Primzahlen hast du gefunden?
   Vergleiche deine Lösung mit deinem Partnerkind.

1	2	3	4	5	6	7	8	9	10
11	12	13			16	17	18	19	20
21	22	23			27	28	29	30
31	32	33			36	37	38	39	40
41	42	43			46	47	48	49	50
51	52	53			57	58	59	60
61	62	63			67	68	69	70
71	72	73			77	78	79	80
81	82	83	84		87	88	89	90
91	92	93			97	98	99	100

3 Was ist richtig, was ist falsch?

a) Alle Zahlen der Siebener-Reihe sind Primzahlen.

b) Alle Primzahlen sind ungerade Zahlen.

c) Primzahlen haben nur zwei Teiler.

d) Primzahlen haben nur zwei Vielfache.

e) Es gibt Primzahlen, die größer als 100 sind.

f) Es gibt Primzahlen, die durch 10 teilbar sind.

AH S. 30

2 Kopiervorlage mit Hundertertafel in der Handreichnung/BiBox für Lehrer/-innen.

1 Ordne zu und schreibe die Regeln vollständig in dein Heft.

2 Welche Zahlen sind durch 2, durch 5 oder durch 10 teilbar?
Bestimme ohne zu rechnen. Du erhältst ein Lösungswort.

380	981	7005	196	697	5243	8194	59	6030	1017	255	93	690
T	F	E	I	N	S	L	E	B	M	A	U	R

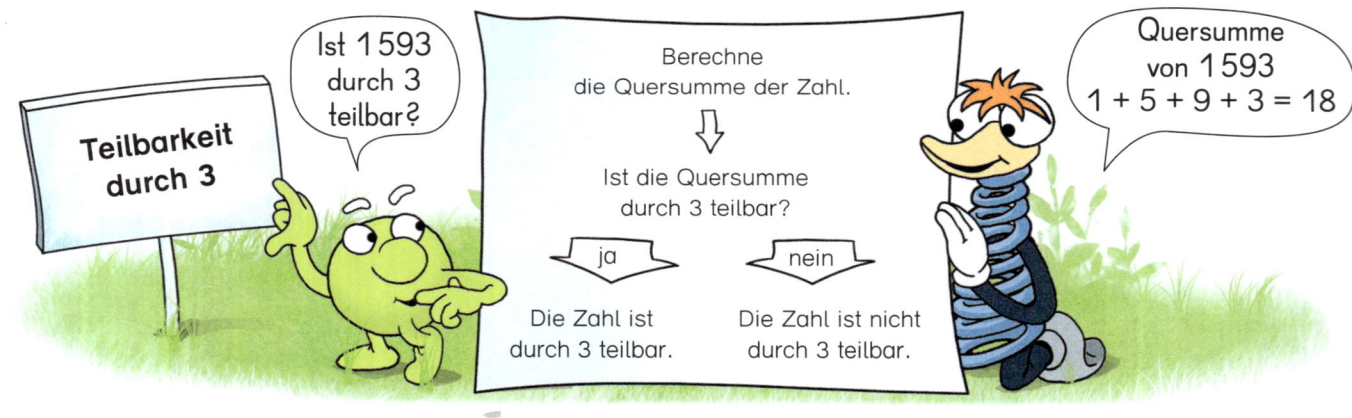

3 Ergänze die Regel: Eine Zahl ist durch 3 teilbar, wenn ...

4 Berechne die Quersummen (Qu.) der Zahlen.
Unterstreiche die Zahlen, die durch 3 teilbar sind.

a) 4353   b) 9245   c) 13263   d) 7743
e) 10215   f) 8614   g) 38446   h) 100002

4 a)	4 3 5 3
Qu.:	4 + 3 + 5 + 3 = 1 5

5 Finde Zahlen, die durch 3 teilbar sind.
Dein Partnerkind kontrolliert.

Teilbarkeit

1 Ergänze die Regel: Eine Zahl ist durch 9 teilbar, wenn ...

2 Berechne die Quersummen der Zahlen. Unterstreiche die Zahlen, die durch 9 teilbar sind.

a) 3 618   b) 8 253   c) 6 537   d) 1 254   e) 5 886   f) 2 104

3 Ergänze die Zahlen so, dass sie durch 9 teilbar sind.

a) 75●   b) 96●   c) 25●4   d) 6●1●   e) 30●●   f) 8●●7●

4

| 28 | 33 | 15 | 42 | 94 | 51 | 36 | 120 | 48 | 21 |

a) Schreibe die Zahlen auf den Fähnchen in dein Heft.

b) Unterstreiche alle Zahlen rot, die durch 2 teilbar sind.

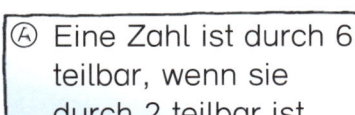

c) Unterstreiche alle Zahlen blau, die durch 3 teilbar sind.

d) Welche Zahlen sind durch 6 teilbar? Unterstreiche sie grün.

Teilbarkeit durch 6

e) Welche Regel stimmt? Schreibe die richtige Regel in dein Heft.

Ⓐ Eine Zahl ist durch 6 teilbar, wenn sie durch 2 teilbar ist.

Ⓑ Eine Zahl ist durch 6 teilbar, wenn sie durch 3 teilbar ist.

Ⓒ Eine Zahl ist durch 6 teilbar, wenn sie durch 2 und 3 teilbar ist.

5 Welche Zahlen sind durch 6 teilbar? Schreibe sie in dein Heft.

a) 8 532   b) 1 452   c) 3 123   d) 18 374   e) 7 836   f) 32 157

6 Ergänze die Zahlen so, dass sie durch 6 teilbar sind.

a) 72●   b) 84●   c) 5 23●   d) 905●   e) 9●7●   f) 11●●

Recherche: Regel für die Teilbarkeit durch 4 recherchieren.

10 A–E   AH S. 31

Dividieren – Im Kopf oder halbschriftlich

$553 : 7 = \blacksquare$

$312 : 3 = \blacksquare$

```
5 5 3 : 7 = 7 9
4 9 0 : 7 = 7 0
  6 3 : 7 =   9
```

Diese Aufgabe ist leicht.
Ich rechne im Kopf:
$300 : 3 = 100$
$12 : 3 = 4$
also 104.

1 Im Kopf oder halbschriftlich? Entscheide bei jeder Aufgabe.

a) $981 : 9$
$408 : 8$
$525 : 5$

b) $544 : 8$
$294 : 7$
$630 : 6$

c) $427 : 7$
$333 : 3$
$696 : 8$

d) $9900 : 9$
$5455 : 5$
$2014 : 2$

e) $8004 : 4$
$6420 : 6$
$7217 : 7$

2 Dividiere immer eine grüne Zahl durch eine blaue Zahl.
Finde mindestens acht Aufgaben. Rechne im Kopf oder halbschriftlich.

2800   2824   440

648

4624

824   1248   4008

8

4

2

3 Felipe hat im Sommerurlaub 224 Fotos gemacht.
Er gestaltet ein Fotoalbum. Auf jede Seite passen 4 Fotos.

Wie viele Seiten hat er in seinem Album gestaltet?

4 Rechnet und beschreibt bei jedem Päckchen, was euch auffällt.

a)
```
7000 : 7
7007 : 7
7014 : 7
```

b)
```
6000 : 6
6012 : 6
6024 : 6
```

c)
```
8048 : 8
8032 : 8
8016 : 8
```

d)
```
9018 : 9
9009 : 9
9000 : 9
```

Der Quotient wird immer um ...

5 Findet Päckchen wie in Aufgabe 4, bei denen der Quotient ...

a) immer um 3 größer wird.
b) immer um 4 kleiner wird.

Dividieren – Überschlagen

1392 : 4
Ich rechne diesen Überschlag.
1200 kann ich leicht
durch 4 teilen.

Ü.: 1200 : 4 = 300

Ü.: 1600 : 4 = 400

1392 : 4 = ▮

Dieser Überschlag
geht auch.
1600 liegt auch
nah an 1392 und
ist durch 4 teilbar.

400
800
1200
1600
2000
2400
2800
3200
3600
4000

1 Wie viel ist es ungefähr? Rechne einen passenden Überschlag.

a) 2724 : 4
   1548 : 4
   4832 : 4

b) 4625 : 5
   5210 : 5
   2675 : 5

c) 6888 : 6
   5784 : 8
   4606 : 7

1 a) Ü.: 2 8 0 0 : 4 =

2 Überschlage nur.
In welchen Koffer gehören die Aufgaben?

2) Koffer A: 1 5 9 2 : 8

1233 : 3   3125 : 5   2502 : 3   9027 : 9   1592 : 8

1372 : 7   5080 : 8   1472 : 8   6482 : 7

A Quotient
   kleiner als
   300

B Quotient
   zwischen
   400 und 700

C Quotient
   größer als
   800

3 Rechnet einen passenden Überschlag. Welcher Quotient könnte passen?

a) 2945 : 5

425   589   610

b) 3501 : 9

389   299   429

c) 1372 : 7

136   210   196

4 Vier Quotienten sind falsch. Finde sie mithilfe eines Überschlags.

a) 1432 : 4 = 208   b) 1945 : 5 = 389   c) 2889 : 9 = 146   d) 2135 : 7 = 544

e) 3270 : 6 = 545   f) 3425 : 5 = 827   g) 3256 : 8 = 407   h) 1611 : 9 = 179

3 **Videoaufnahme:** Erklärfilm zur Lösungsstrategie aufnehmen.
➡ Wechsel ins Themenheft Sachrechnen und Größen, S. 23-27, S. 28-30, S. 31 und
   S. 32-34 möglich.

R10

31

Schriftlich dividieren

$$785 : 5 = \blacksquare$$

Ich dividiere halbschriftlich.

$$785 : 5 = 157$$
$$500 : 5 = 100$$
$$250 : 5 = 50$$
$$35 : 5 = 7$$

Ich dividiere schriftlich.

Ü.:
```
1 0 0 0 : 5 = 2 0 0

  H Z E       H Z E
  7 8 5 : 5 = 1 5 7
- 5
  2 8
- 2 5
    3 5
  - 3 5
      0
```

Noch einmal in Zeitlupe.

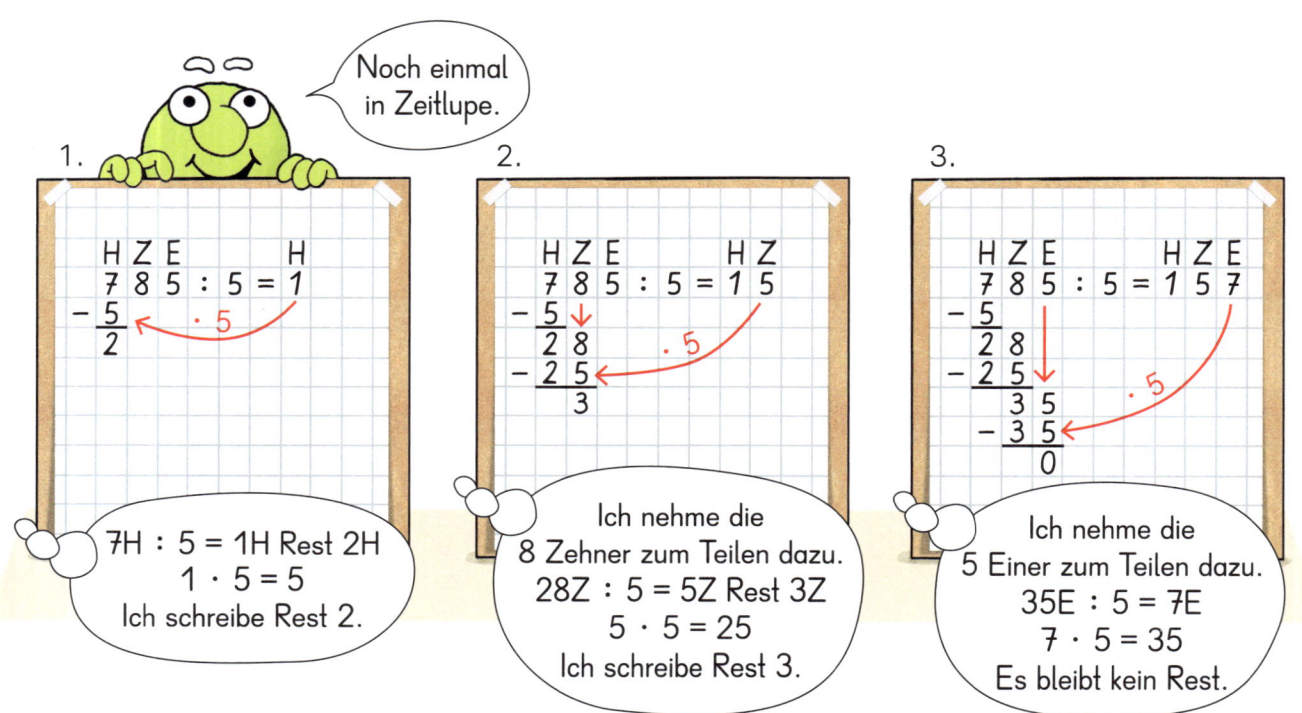

1.
```
  H Z E       H
  7 8 5 : 5 = 1
- 5        · 5
  2
```
7H : 5 = 1H Rest 2H
1 · 5 = 5
Ich schreibe Rest 2.

2.
```
  H Z E       H Z
  7 8 5 : 5 = 1 5
- 5
  2 8      · 5
- 2 5
    3
```
Ich nehme die 8 Zehner zum Teilen dazu.
28Z : 5 = 5Z Rest 3Z
5 · 5 = 25
Ich schreibe Rest 3.

3.
```
  H Z E       H Z E
  7 8 5 : 5 = 1 5 7
- 5
  2 8
- 2 5
    3 5      · 5
  - 3 5
      0
```
Ich nehme die 5 Einer zum Teilen dazu.
35E : 5 = 7E
7 · 5 = 35
Es bleibt kein Rest.

1 Dividiere schriftlich wie Flo.
Alle Quotienten sind durch 3 teilbar.

a) 924 : 7   b) 516 : 4   c) 846 : 6   d) 912 : 8   e) 585 : 3
   414 : 3   984 : 8   513 : 3   861 : 7   936 : 4

2 Dividiere jetzt auch größere Zahlen schriftlich.
Alle Quotienten sind durch 9 teilbar.

a) 8964 : 3   b) 7776 : 6   c) 6615 : 5   d) 7344 : 6   e) 8775 : 5
   9891 : 7   9432 : 8   5859 : 3   9144 : 4   9216 : 8

Erklärvideo: Schriftlich dividieren

Schriftlich dividieren

$$4\,365 : 5 = \blacksquare$$

Ü.: 4 5 0 0 : 5 = 9 0 0

T H Z E
4 3 6 5 : 5 =

4 ist kleiner als 5, also nicht durch 5 teilbar.

Ü.: 4 5 0 0 : 5 = 9 0 0

```
T H Z E
4 3 6 5 : 5 = 8 7 3
- 4 0
    3 6
  - 3 5          P.:   8 7 3 · 5
      1 5              4 3 6 5
    - 1 5
        0
```

Darum nehme ich die 3 Hunderter dazu. 43H : 5 = 8H Rest 3H   8 · 5 = 40

---

1 Rechne wie Flex. Überprüfe mit der Probe.

a) 1544 : 4
   1695 : 3

b) 3948 : 7
   3512 : 8

c) 2676 : 6
   1116 : 9

d) 19 784 : 4
   63 144 : 8

e) 45 828 : 6
   32 275 : 5

---

2 Sechs Quotienten sind falsch. Überprüfe mit der Probe.
Schreibe die Aufgaben richtig in dein Heft.

a) 67 491 : 9 = 7 399

b) 25 626 : 3 = 8 542

c) 37 916 : 4 = 9 279

d) 32 615 : 5 = 6 583

e) 51 234 : 6 = 8 539

f) 43 918 : 7 = 6 574

g) 15 522 : 6 = 2 587

h) 36 696 : 8 = 3 587

i) 19 765 : 5 = 3 753

---

3 Klecksaufgaben. Welche Ziffern fehlen?

a)
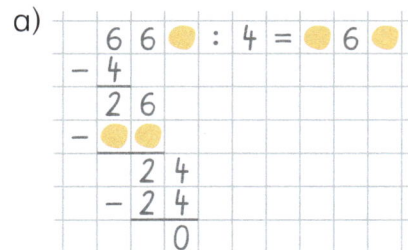

b)
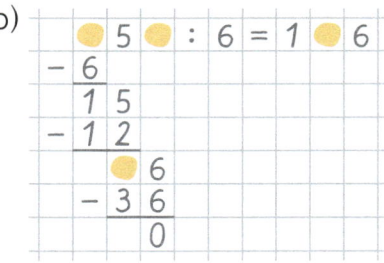

c)
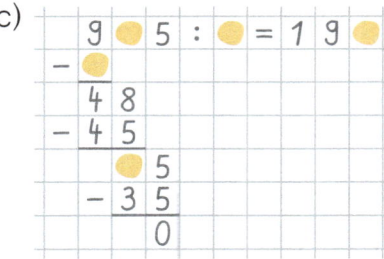

---

4 Frau Berger hat bei einem Gewinnspiel 2 688 € gewonnen.
Die Hälfte des Geldes möchte sie ihren
sechs Enkelkindern schenken.
Jedes Enkelkind soll gleich viel bekommen.

AH S. 32

Schriftlich dividieren – Nullen

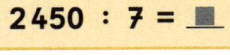

2 450 : 7 = ◼

Ü.:   2 1 0 0 : 7 = 3 0 0

```
T H Z E
2 4 5 0 : 7 = 3 5 0
─ 2 1
      3 5
    ─ 3 5
        0 0        P.:   3 5 0 · 7
      ─   0               2 4 5 0
          0
```
0 · 7

Die Null muss ich auch teilen.

$0 : 7 = 0$ $0 · 7 = 0$

Der Überschlag und die Probe helfen, keine Stelle zu vergessen.

1 Überschlage erst, dividiere schriftlich und rechne dann die Probe.

a) 1 440 : 3   b) 2 220 : 3   c) 8 260 : 7   d) 27 160 : 5   e) 39 420 : 6
   2 450 : 5   6 150 : 5   6 560 : 8   17 640 : 7   51 120 : 4

1.

Ü.:   5 0 0 0 : 5 = 1 0 0 0

```
T H Z E
5 2 8 5 : 5 = 1 0
─ 5
  0 2
─   0
    2
```
0 · 5

2 ist kleiner als 5.
2H : 5 = 0H Rest 2H
Im Ergebnis notiere ich die 0.
$0 · 5 = 0$
Ich schreibe Rest 2.

2.

Ü.:   5 0 0 0 : 5 = 1 0 0 0

```
T H Z E
5 2 8 5 : 5 = 1 0 5 7
─ 5
  0 2
─   0
    2 8
  ─ 2 5
      3 5
    ─ 3 5
        0
```

Ich nehme die 8 Zehner dazu.
28Z : 5 = 5Z Rest 3Z

2 Überschlage erst, dividiere schriftlich und rechne dann die Probe.

a) 3 132 : 3   b) 6 432 : 8   c) 7 287 : 7   d) 16 408 : 8   e) 21 273 : 7
   5 175 : 5   3 219 : 3   3 618 : 6   16 184 : 2   91 521 : 3

3 Rechnet einen passenden Überschlag. Welcher Quotient könnte passen?

a) 4 605 : 5   b) 8 340 : 3

| 9 201 | 921 | 209 | | 278 | 3 130 | 2 780 |

c) 1 960 : 8   d) 6 084 : 9

| 245 | 2 045 | 2 450 | | 607 | 676 | 6 076 |

3 ▮ **Videoaufnahme:** Erklärfilm zur Lösungsstrategie aufnehmen.

Schriftlich dividieren mit Rest

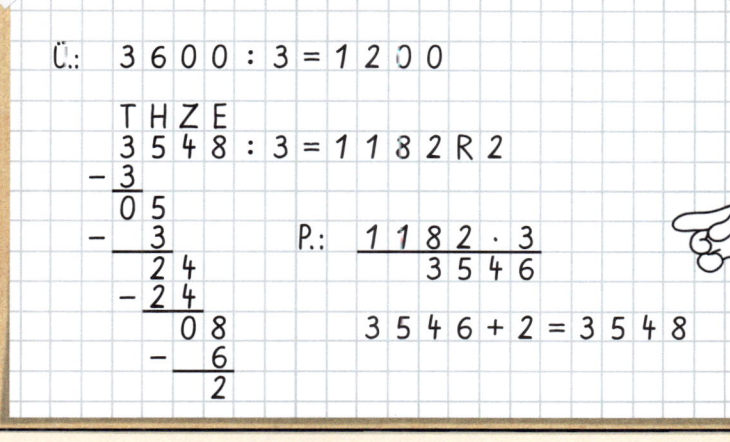

$$3\,548 : 3 = \blacksquare$$

Ü.: $3\,600 : 3 = 1\,200$

```
  T H Z E
  3 5 4 8 : 3 = 1 1 8 2 R 2
- 3
  0 5                    P.:   1 1 8 2 · 3
-   3                              3 5 4 6
    2 4
-   2 4
      0 8              3 5 4 6 + 2 = 3 5 4 8
-     6
      2
```

Hier bleibt ein Rest. Zur Kontrolle rechne ich die Probe und addiere den Rest.

1 Hier bleiben Reste. Überschlage erst, dividiere schriftlich und rechne dann die Probe.

a) $4\,316 : 3$ b) $6\,219 : 4$ c) $6\,124 : 5$ d) $7\,343 : 6$

   $5\,209 : 3$ $5\,446 : 4$ $5\,948 : 5$ $9\,217 : 6$

2 Dividiere $5\,431$ durch …   a) 2   b) 3   c) 4   d) 5   e) 6   f) 7

3 Zwei Quotienten sind falsch. Überprüfe mit der Probe.
Schreibe die Aufgaben richtig in dein Heft.

a) $6\,374 : 6 = 1\,062$ R2   b) $6\,374 : 9 = 707$ R2   c) $6\,374 : 8 = \quad 796$ R6

d) $6\,374 : 5 = 1\,274$ R4   e) $6\,374 : 7 = 911$ R4   f) $6\,374 : 3 = 2\,124$ R2

4 Überschlage erst, dividiere schriftlich und rechne dann die Probe.

a) $3\,634 : 5$ b) $2\,998 : 6$ c) $17\,223 : 5$ d) $21\,333 : 4$

   $7\,473 : 8$ $5\,440 : 7$ $24\,242 : 7$ $32\,496 : 9$

5 Findet passende Ziffern für die leeren Felder.
Ihr könnt jede Ziffer auch mehrfach verwenden.

a) ☐☐☐ : ☐ = ☐☐☐ R1

b) ☐☐☐☐ : ☐ = ☐☐☐ R2

c) ☐☐☐☐ : ☐ = ☐☐☐ R4

6 Schreibe eine eigene Aufgabe mit leeren Feldern wie in Aufgabe 5.
Dein Partnerkind setzt passende Ziffern ein.

Schriftlich dividieren durch Zehner

4820 : 20 = ▪

4 ist kleiner als 20, also nicht durch 20 teilbar. Darum nehme ich die 8 Hunderter dazu. 48H : 20 = 2H Rest 8H

Ü.: 4 0 0 0 : 2 0 = 2 0 0

```
T H Z E
4 8 2 0 : 2 0 = 2 4 1
- 4 0
    8 2
  - 8 0        P.:    2 4 1 · 2 0
      2 0                   4 8 2 0
    - 2 0
        0
```

1 Überschlage erst, dividiere schriftlich und rechne dann die Probe.

a) 6520 : 20
   4640 : 20

b) 4360 : 20
   5480 : 20

c) 5620 : 20
   6160 : 20

d) 7020 : 20
   7580 : 20

2 a) 7740 : 30
      3630 : 30

b) 6390 : 30
   5430 : 30

c) 65350 : 50
   79300 : 50

d) 87550 : 50
   92300 : 50

3 Dividiere jede rote Zahl durch jede gelbe Zahl.

a) 5280 8160 (:) 20 40

b) 7560 9360 (:) 30 60

4 Überschlage erst, dividiere schriftlich und rechne dann die Probe. Achte auf die ersten drei Stellen.

Ü.: 1 4 0 0 0 : 2 0 = 7 0 0

```
1 4 3 6 0 : 2 0 = 7 1 8
- 1 4 0
      3 6
    - 2 0      P.:    7 1 8 · 2 0
      1 6 0            1 4 3 6 0
    - 1 6 0
          0
```

Hier brauche ich sogar die ersten drei Stellen zum Teilen.

a) 12480 : 20
   13160 : 20

b) 13250 : 50
   49550 : 50

c) 33180 : 70
   15120 : 70

d) 11840 : 80
   12160 : 80

5 Hier bleibt ein Rest.

a) 14570 : 20
   29560 : 30

b) 46294 : 50
   42660 : 40

c) 93630 : 60
   73160 : 80

d) 94851 : 90
   54341 : 70

6 Der Eisverkäufer Marco hat an einem sonnigen Tag 192 € eingenommen. Eine Kugel Eis kostet 80 ct.

AH S. 35

Schriftlich dividieren durch zweistellige Zahlen

$$594 : 11 = \blacksquare$$

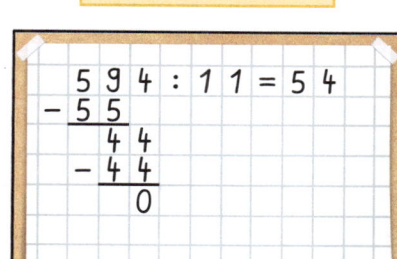

1 · 11 = 11
2 · 11 = 22
3 · 11 = 33
4 · 11 = 44
5 · 11 = 55

```
5 9 4 : 1 1 = 5 4
- 5 5
    4 4
  - 4 4
      0
```

Ich nutze die 11er-Reihe zum Dividieren!

1 Schreibe wie Flex die zehn Multiplikationsaufgaben der 11er-Reihe auf. Nutze sie zum Dividieren.

Wie heißt der Lösungssatz?

a) 495 : 11
    352 : 11
    561 : 11

b) 374 : 11
    275 : 11
    803 : 11

c) 946 : 11
    429 : 11
    517 : 11

d) 869 : 11
    913 : 11
    979 : 11

79	T		39	C		51	L		86	I		32	L		45	A
		89	G		34	E		83	I		47	H		73	R		25	S

2 Schreibe die zehn Multiplikationsaufgaben der 12er-Reihe auf. Nutze sie zum Dividieren.

a) 228 : 12
    252 : 12
    360 : 12

b) 312 : 12
    336 : 12
    372 : 12

c) 528 : 12
    564 : 12
    636 : 12

d) 744 : 12
    852 : 12
    912 : 12

62	T		28	A		44	S		30	S		19	D		26	W
53	I		71	Z		21	A		76	E		31	R		47	P			

3 Schreibe die zehn Multiplikationsaufgaben der 15er-Reihe auf. Nutze sie zum Dividieren.

a) 255 : 15
    330 : 15
    435 : 15

b) 525 : 15
    555 : 15
    480 : 15

c) 720 : 15
    840 : 15
    885 : 15

d) 915 : 15
    975 : 15
    990 : 15

37	S		66	E		59	A		22	U		48	K		32	T
61	S		35	I		29	B		65	S		17	D		56	L			

4 Schreibe die zehn Multiplikationsaufgaben der 25er-Reihe auf. Nutze sie zum Dividieren.

a) 9 750 : 25
    4 525 : 25
    2 250 : 25

b) 4 050 : 25
    4 325 : 25
    5 375 : 25

c) 7 450 : 25
    8 100 : 25
    4 950 : 25

198	S		390	R		215	N		162	H		324	S
181	E		154	I		173	E		90	C		298	A

AH S. 36

Wechsel ins Themenheft Sachrechnen und Größen, S. 11-13 möglich.

Rechnen in Sachsituationen

Eintrittspreise Hallenbad Neptun		
	Erwachsene	Kinder
Einzelkarten	6 €	4 €
Zehnerkarten	50 €	25 €
Jahreskarten	100 €	50 €

1 Wie viele Karten wurden jeweils verkauft?

a) Im Januar hat das Schwimmbad durch den Verkauf von Einzelkarten für Erwachsene 16 290 € eingenommen.

b) Durch den Verkauf von Einzelkarten für Kinder hat das Schwimmbad im Januar 10 428 € eingenommen.

2 Hanna hat eine Jahreskarte für Kinder bekommen. Wie oft muss sie das Hallenbad besuchen, um ihre Karte auszunutzen und kein Geld zu verschenken?

Vergleiche mit dem Preis für Einzelkarten.

3 Frau Fischer hat auch eine Jahreskarte gekauft. Wie oft muss sie das Hallenbad besuchen, um ihre Karte auszunutzen und kein Geld zu verschenken?

Vergleiche mit dem Preis für Einzelkarten.

4 Mika zieht in drei Wochen in eine andere Stadt. Lohnt es sich für ihn noch eine Zehnerkarte zu kaufen, wenn er dreimal in der Woche schwimmen geht?

5 In der Tabelle siehst du, wie viel Geld das Schwimmbad durch den Verkauf von Eintrittskarten in einem Jahr eingenommen hat.

Wie viele Einzelkarten, Zehnerkarten und Jahreskarten wurden in diesem Jahr verkauft?

a) für Erwachsene
b) für Kinder

Jahreseinnahmen Hallenbad Neptun		
	Erwachsene	Kinder
Einzelkarten	190 314 €	96 048 €
Zehnerkarten	38 150 €	13 450 €
Jahreskarten	10 600 €	12 550 €

Vorherige Bearbeitung Themenheft Sachrechnen und Größen S. 4-7 empfohlen.

Mit dem Rechner knobeln

Wähle eine Zahl.
Verdopple die Zahl.
Verdreifache die Zahl.
Verfünffache die Zahl.
Addiere die Produkte.

Ich schreibe
die Produkte auf
und addiere.

5 8 1 3	
5 8 1 3 · 2	1 1 6 2 6
5 8 1 3 · 3	+ 1 7 4 3 9
5 8 1 3 · 5	+ 2 9 0 6 5

1 a) Wählt selbst zwei vierstellige Zahlen und rechnet jedes Mal wie Flex und Flo. Nutzt einen Rechner.
b) Vergleicht jeweils die Summe mit eurer gewählten Zahl. Was fällt euch auf?
c) Vermutet: Welche Summe erhaltet ihr, wenn die gewählte Zahl 7645 heißt? Begründet.
d) Überprüft mit einem Rechner.

2 Legt mit den Ziffernkarten

| 1 | 2 | 3 | 4 | 5 |

Multiplikationsaufgaben wie Flo.

a) Findet das kleinste Produkt.
b) Findet das größte Produkt.
c) Wie seid ihr vorgegangen? Begründet.

3 Legt mit den Ziffernkarten | 5 | 6 | 7 | 8 | 9 | Multiplikationsaufgaben wie in Aufgabe 2.

a) Wie heißt das kleinste Produkt?
b) Wie heißt das größte Produkt?

4 Wie müssen die Ziffernkarten gelegt werden, damit das Produkt stimmt?
Nutzt einen Rechner.

a) $\square\square \cdot \square = 118$

b) $\square\square \cdot \square = 460$

c) $\square\square \cdot \square = 225$

d) $\square\square \cdot \square = 190$

5 Wie müssen hier die Ziffernkarten gelegt werden, damit das Produkt stimmt?
Nutzt einen Rechner.

a) $\square\square\square \cdot \square = 2304$

b) $\square\square\square \cdot \square = 5852$

c) $\square\square\square \cdot \square = 6041$

d) $\square\square\square \cdot \square = 2576$

App-Anwendung: Aufgaben mit einer Rechner-App lösen.
4, 5 Videoaufnahme: Erklärfilm zur Lösungsstrategie aufnehmen.

39

1 Finde mindestens fünf passende Zahlen. Bei der Division durch 7 soll der Rest 3 bleiben.

a) ⬜⬜⬜ : 7 = ▦ R 3

b) ⬜⬜1 : 7 = ▦ R 3

 2 Welche Zeichen musst du einsetzen:

$\left(+\right), \left(-\right), \left(\cdot\right), \left(:\right)$?

a) 160 ⬤ 4 ⬤ 16 = 100 ⬤ 44

b) 28 ⬤ 64 ⬤ 8 = 60 ⬤ 3

c) 92 ⬤ 56 ⬤ 7 = 48 ⬤ 36

> Punktrechnung vor Strichrechnung!

 3 2 4 5 8   (+) (−) (·) (:)

Finde Aufgaben. Nutze jede Ziffer.
Verwende jedes Rechenzeichen höchstens einmal.

⬜ ⬤ ⬜ ⬤ ⬜ ⬤ ⬜ = ▦

a) Finde die Aufgabe mit dem kleinsten Ergebnis.
b) Finde die Aufgabe mit dem größten Ergebnis.

> Du kannst auch Klammern setzen.

 4 Setze Klammern so, dass die Ungleichungen stimmen.
Schreibe in dein Heft.

a) $5 + 4 \cdot 7 > 6 \cdot 8$

$28 - 3 \cdot 4 > 5 \cdot 9$

$36 : 2 + 4 < 4 \cdot 3$

b) $6 \cdot 5 + 9 < 7 + 2 \cdot 8$

$81 : 9 - 6 > 4 + 3 \cdot 7$

$72 - 28 : 4 < 6 \cdot 7 + 3$

1 Die Aufgabe eignet sich im Anschluss an Seite 7.
2 Die Aufgabe eignet sich im Anschluss an Seite 10.
3, 4 Die Aufgaben eignen sich im Anschluss an Seite 11.

5 Wofür stehen die Buchstaben?

$$X \cdot Y = 1\,000$$
$$6\,000 : Y = Z$$
$$Z \cdot X = 600$$

5) X = ■   Y = ■   Z = ■

 6
a) Es gibt zwei Zahlen zwischen 20 und 40, bei denen die Anzahl der Teiler ungerade ist.

b) Finde weitere Zahlen, bei denen die Anzahl der Teiler ungerade ist.

c) Vervollständige den Satz:

Alle Zahlen mit einer ungeraden Anzahl an Teilern sind …

 7 Bilde eine vierstellige Zahl, die …

a) durch 2 und durch 3 teilbar ist und die Quersumme 15 hat.

b) durch 3 und durch 5 teilbar ist und die Quersumme 12 hat.

c) durch 3 und durch 10 teilbar ist und die Quersumme 21 hat.

 8 Verändere immer eine Ziffer so, dass …

a)
die Zahl durch 5 und 6 teilbar ist.

43 870

b)
bei der Division durch 6 und 10 der Rest 1 bleibt.

76 391

c)
bei der Division durch 3 und 5 der Rest 2 bleibt.

28 758

 9 Bilde aus den Ziffern | 2 | 3 | 5 | 8 | 9 | …

a) die größte fünfstellige Zahl, die durch 5 teilbar ist.

b) die kleinste fünfstellige Zahl, die durch 2 teilbar ist.

c) die größte fünfstellige Zahl, die durch 6 teilbar ist.

d) die kleinste fünfstellige Zahl, die durch 3 teilbar ist.

5 Die Aufgabe eignet sich im Anschluss an Seite 15.
6 Die Aufgabe eignet sich im Anschluss an Seite 26.
7 Die Aufgabe eignet sich im Anschluss an Seite 28.
8, 9 Die Aufgaben eignen sich im Anschluss an Seite 29.

41

Fachwörter und Redemittel

Multiplizieren und dividieren

multiplizieren

$$30 \cdot 4 = 120$$

Faktor · **Faktor** = **Produkt**

dividieren

$$420 : 6 = 70$$

Dividend : **Divisor** = **Quotient**

Punktrechnung und Strichrechnung

Regel:

Punktrechnung ⊙ ⊙
geht vor
Strichrechnung ⊕ ⊖

$$\underline{5 \cdot 8} + 2 = 40 + 2 = 42$$

$$40 - \underline{14 : 2} = 40 - 7 = 33$$

Rechnen mit Klammern

Regel:

Was in der **Klammer** steht,
muss immer zuerst
berechnet werden.

$$5 \cdot (8 + 2) =$$
$$5 \cdot \quad 10 \quad = 50$$

Primzahlen

Zahlen, die nur durch sich selbst und durch 1 teilbar sind,
nennt man **Primzahlen**.

2 ist die kleinste Primzahl.

Teilbarkeit

Regeln für die **Teilbarkeit** von Zahlen:

Eine Zahl ist durch 2 teilbar, wenn ihre letzte Ziffer eine 0, 2, 4, 6 oder 8 ist.

Eine Zahl ist durch 3 teilbar, wenn ihre Quersumme durch 3 teilbar ist.

Eine Zahl ist durch 5 teilbar, wenn ihre letzte Ziffer eine 0 oder 5 ist.

Eine Zahl ist durch 6 teilbar, wenn sie durch 2 und durch 3 teilbar ist.

Eine Zahl ist durch 9 teilbar, wenn ihre Quersumme durch 9 teilbar ist.

Eine Zahl ist durch 10 teilbar, wenn ihre letzte Ziffer eine 0 ist.

Flex und Flo für das 4. Schuljahr

MATERIALIEN FÜR SCHÜLERINNEN UND SCHÜLER

Addieren und Subtrahieren 4 978-3-14-118295-8
Multiplizieren und Dividieren 4 978-3-14-118296-5
Geometrie 4 978-3-14-118297-2
Sachrechnen und Größen 4 978-3-14-118298-9

Lernpaket 4
4 Themenhefte + Beilagen 978-3-14-118299-6
BiBox für Schüler/-innen WEB-14-118314

ZUSATZMATERIALIEN
Arbeitsheft 4 978-3-14-118302-3
Trainingsheft 4 978-3-14-118331-3

Themenhefte inklusiv D
Addieren und Subtrahieren (D) 978-3-14-118425-9
Multiplizieren und Dividieren (D) 978-3-14-118426-6
Geometrie (D) 978-3-14-118427-3
Sachrechnen und Größen (D) 978-3-14-118428-0

Lernpaket inklusiv D
4 Themenhefte + Beilagen 978-3-14-118424-2

Themenhefte inklusiv E
Addieren und Subtrahieren bis 1000 (E) 978-3-14-120101-7
Multiplizieren und Dividieren bis 1000 (E) 978-3-14-120102-4
Geometrie (E) 978-3-14-120103-1
Sachrechnen und Größen (E) 978-3-14-120104-8

Lernpaket inklusiv E
4 Themenhefte + Beilagen 978-3-14-120100-0

Themenhefte inklusiv F
Addieren und Subtrahieren bis 1 000 000 (F) ... 978-3-14-120108-6
Multiplizieren und Dividieren bis 1 000 000 (F) 978-3-14-120109-3
Geometrie (F) 978-3-14-120110-9
Sachrechnen und Größen (F) 978-3-14-120111-6

Lernpaket inklusiv F
4 Themenhefte + Beilagen 978-3-14-120107-9

MATERIALIEN FÜR LEHRERINNEN UND LEHRER

Handreichung 4 978-3-14-118304-7
BiBox für Lehrer/-innen 4, Einzellizenz WEB-14-118315
                    Kollegiumslizenz WEB-14-118317
Kopiervorlagen 4 978-3-14-118321-4
Förder-Kopiervorlagen 4 978-3-14-118323-8
Forder-Kopiervorlagen 4 978-3-14-118325-2
Lernwege-Karten 4 978-3-14-118328-3
Diagnoseheft 4 978-3-14-118318-4
Entdeckerkartei 4 978-3-14-118330-6